教育的足迹

高中物理教师专业成长探究

潘仕恒 著

吉林教育出版社

图书在版编目（CIP）数据

　　教育的足迹：高中物理教师专业成长探究 / 潘仕恒
著. — 长春：吉林教育出版社，2021.2
　　ISBN 978-7-5553-9307-8

　　Ⅰ.①教… Ⅱ.①潘… Ⅲ.①中学物理课—师资培训
—研究—高中 Ⅳ.①G633.72

　　中国版本图书馆CIP数据核字（2021）第034319号

教育的足迹：高中物理教师专业成长探究　　　　　　　　　　　潘仕恒　著

责任编辑　赵　月　　　　　　　　　　　　　　**装帧设计**　北京言之凿文化

出版　吉林教育出版社（长春市同志街1991号　邮编　130021）
发行　吉林教育出版社
印刷　北京政采印刷服务有限公司

开本　787毫米×1092毫米　1/16　**印张**　11.5　　**字数**　207千字
版次　2022年4月第1版　　**印次**　2022年4月第1次印刷
书号　ISBN 978-7-5553-9307-8
定价　45.00元

目 录
CONTENTS

我的教育专家之路

介绍作者从事教师工作三十多年来几个重要的发展环节。第一个九年为职业生涯打基础，第二个九年向着专业化纵深方向发展。越过这两个阶段，在向教育名师、专家的方向前行。

初入师门

1985年8月，带着几箱大学的书，我回母校报到，开始了教书育人的生涯。回到母校，一切都是那样熟悉，礼堂、操场、教室、宿舍以及原来的老师，物是人是。当然，变化还是有的，多了一两栋楼，新来了不少老师，和我一同去报到的就有7位小伙伴。

9月1日，我迎来了第一批学生。我认真备课、认真上课、认真组织班级活动，很快，我得到了学生的认可，与他们打成了一片。

很荣幸，工作的第一年，恰好与我高中时的物理老师王老师同教一年级，他自然而然成了我的师傅，当时他还任教导处主任，我们都叫他王主任。王主任是福建厦门人，北京大学地球物理系毕业，因响应国家支援老少边区的号召，被分配到了我们学校。王主任既是我专业的引路人，也是我一生的偶像。他对我这个徒弟提了两点要求：一是常去听他的课，并且每次听课都要体会他的课与课本的内容有什么不同；二是每年都要主动去做高考题，而且不能间断。可惜的是，课无法再听了，因为两年后他被调回福建老家，到了厦门第六中学；而高考题，我一做就是三十多年，到现在还没有间断，也因此，自己才敢对高考物理试题做一点评价。

1985年12月的一天，我参加工作仅三个多月，负责学校共青团工作的陆老师（我的高中英语老师）找到我，要我接替她主持学校团委的工作。在第一次全校的团员大会上，陆老师向全体学生团员介绍我，最后要我讲话。记得当时我很紧张，不知道要说什么，不敢站到主席台上。她的爱人杨老师（也是学校团委的负责人）不容分说，一把将我拉到主席台中央。从此，我有了另外一个身份——学校团委书记。

第一学期期末（1986年1月），王主任找到我，说："有一个英语老师调走了，英语老师缺位，你刚从大学毕业，英语成绩还不错，你去教英语吧！"我服从学校安排，转去教两个班的英语课。一个学期后，新的英语老师到位，我又回来教物理了。

得到王主任的指点，加上个人努力，我的物理教学不断取得进步。我的语言准确、条理清晰、通俗易懂，把物理课讲得明明白白，深受学生喜爱。有一次，我任教班级的班主任潘老师（语文教师，他后来成为了校长，我则是副校长，成为他的得力助手）来听我的课，课后他对我说："你刚才的课讲得清清楚楚，我完全听懂了！"得到语文老师的表扬，我这个年轻物理老师很开心！

工作的第四年（1989年），我指导的一名学生黄立南（现为中山大学生命科学学院的教授）参加第六届全国中学生物理竞赛取得了优异的成绩，被广西物理学会选定为代表广西参加全国决赛的10名选手之一，并到广西师范大学集训，我因此获得广西物理学会的"优胜者指导奖"。1991年和1992年，我又有多名学生在广西中学生奥林匹克物理竞赛中取得了优异的成绩，我连续两年获"优胜者指导奖"。1992年，我的学生刘俊考取了北京大学工程力学系。因教育教学工作成绩突出，我荣获"1992年度南宁市先进生产（工作）者"称号，这是我获得的第一个党和政府颁发的地市级荣誉。

服从组织安排，干一行爱一行钻一行，这是我们这代人受到的教育和行动准则。我在学校团委书记任上一干就是九年，当学校要我去教英语时，我二话不说就接受任务并且努力把课教好。我对待工作任劳任怨，不计报酬，除了服从，就是全心全意把事情做好。

由于有了这九年的积累，当1994年9月学校领导要我从团委书记的任上转到教学处协助工作时，我很快就适应了新的工作，两个月后任副主任，一年后任主任，再过一年任分管的副校长。我的母校是广西名校、百年老校，我任副校长时才32岁，据说是学校历史上最年轻的副校长。

工作的前九年，是一个教师成长的黄金时期。不计名利，多做积累，打实、打厚、打牢成长基础，才会有破茧而出的机会。

我的学生考取了清北

　　1989年秋季，我工作的第五个年头，我教高一的课。开学后不久，我发现有一个叫刘俊的男生对物理的悟性很高，其他学科的成绩也很优秀。有一天，我灵机一动，问他想不想学大学的物理。他没有太多的犹豫就回答：学！于是，我找来了大学工科《普通物理学》（程守洙、江之永主编，1979年2月第3版，1982年2月第7次印刷）的第一册给他看，同时还把我用过的《高等数学》（物理专业用，四川大学数学系高等数学教研组编，1979年3月第1版，1980年2月第2次印刷）也给了他。我交代，先看物理书，遇到看不明白的公式或方程，再看《高等数学》中的相应内容。以后，他陆续学到了《普通物理学》的第三册。前三册书共有五篇，涵盖了普通物理80%以上的内容，分别为第一篇《力学》、第二篇《气体分子运动论和热力学基础》、第三篇《电场和磁场》、第四篇《振动和波动》、第五篇《量子物理》。我要求他学完每一章后，完成章后习题80%以上的题目，再开始下一章的学习。

　　在往后的学习中，他一边学习高中物理，一边自学大学普通物理课程。平时自习课我到班上辅导，他问的问题几乎都是普通物理学，还有一些是高等数学问题（微分、导数、积分、导数方程等）。他坚持了两年半，这期间的物理成绩一直保持年级第一名。到高三最后一个学期，我要求他停止学习大学普通物理课程，准备高考。

　　1992年高考，他的物理考了98分（物理科的满分是100分），只有一道有关电容器的不定项选择题漏了选项，其他的全对了。他当年被北京大学工程力学系录取。在我工作的第八年，第一个北大学生就这样产生了，我和他都觉得很轻松。

　　1994年春节，他放寒假回家，专门到学校来看望我。他跟我讲了互联网，并当场在我家用长途拨号方式连上了北京的互联网，这是我第一次看到互联网。当时我很震撼，电话线里竟然有这样一个神秘的世界，我的另一种眼界从此打开了。1996年我出差去北京，特地到北大找他，跟他聊了学习。他说成绩还行，但同学中还有聪明得不可思议的同学，还要更努力学习才能赶上！

无独有偶，2019年9月，我在北京教育学院听了清华大学附属中学王殿军校长的报告，其中他介绍了"中国大学先修课程"（Chinese Advanced Placement，CAP），这门课旨在让学有余力的高中生及早接触大学课程内容，接受大学思维方式、学习方法的训练，让学生真正享受到最符合其能力和兴趣水平的教育，帮助其为大学学习乃至未来的职业生涯做好准备。王校长介绍，2015年11月，在"高水平大学人才培养与基础教育的衔接高峰论坛暨中国慕课大学先修课（MOOCAP）"启动仪式上，清华大学、复旦大学、南京大学、哈尔滨工业大学、西安交通大学、中国科学技术大学、中国人民大学等高水平大学和中国人民大学附属中学、清华大学附属中学、北京市第四中学、北京十一学校等中学联合发起成立中国慕课大学先修课（MOOCAP）理事会，旨在共同探索推进大学先修课程。

而在此以前，我的学生刘俊就开始了大学先修课程的学习，并成功考取了北京大学。本来，优秀学生就不该陷入"题海"，去做低级的"刷题"训练，而应该去做更有意义的事。

1995年，我又有一个学生隆锦胜考取清华大学工程物理系（核物理），专业方向是分离铀矿的离心机。他在清华学习了7年，2002年毕业后转行从事软件工作，现在在澳大利亚定居。

1999年，我又有一个学生何妍考上了清华大学。何妍是本校数学老师何老师的女儿，同在一个大院里，我是看着她长大的。她学科发展全面，数学和物理特别好。高三时我才接课，发现她在课堂上不太专心听课，常做课堂内容以外的物理习题，但物理成绩一直保持年级第一名。第二学期进入第二轮复习阶段，我们统一订了一本《全国各地38套模拟考试卷》，我检查她的作业，发现她做过的几套卷子几乎全对了！看到这种情况，我索性跟她说，剩下的卷子只需做最后两题，其他的可以不用做了。临近高考前的一个月，她要求在家晚自习，我答应了。当年高考，她的物理卷应该全对，但标准分没达到100分。我和她重新核对答案，只有最后一题的解法与标准答案有些不一样，但方法和结果都没有问题。可能解法不同，没有被评卷老师认同。她的父亲要求查分，但我觉得已没有意义了，因为她的总分已是广西理科第二名，并且清华大学负责在广西招生的张老师已来电话，保证她可以任选清华大学的专业！后来我们没有去查分，她选择了清华大学的微电子专业，高高兴兴去读大学了。

2002年，我又有学生潘彬彬考取了清华大学。在清华本硕连读6年后，进入中船重工七〇二所"蛟龙号"团队，负责一个重要部件的研制，同时继续攻读七〇二所的博士学位。2011年春节放假回家，他特地将一个"蛟龙号"模型（他们研究所制作的）送给我。2012年我去江苏无锡旅游，特地去看望他。在交谈中我特意问他："你从事如此复杂的工作，靠什么？聪明还是勤奋？"他回答，都需要。在7000米深的深海，物质的形态已不是我们平常看到的样子，我们还没有到过这样的深海，没有任何资料，也无法建立真实的实验环境，一切都是靠想象，自己设计，自己建模，自己编程序，自己设置参数进行仿真模拟。经反复论证、模拟、实验、修改，然后再进入生产环节。听到他的回答，我突然悟出"创新"的含义：按照资料做的东西是模仿，做从来没有人做过的东西才叫创新！

三十多年来，我教的学生考取了我国所有的985或211或"双一流大学"等著名高校。除了清华和北大，还有中国科技大学、浙江大学、复旦大学、上海交通大学、同济大学、中国人民大学、武汉大学、南京大学、中山大学、北京航空航天大学、华中科技大学、哈尔滨工业大学、西安交通大学、国防科技大学、华南理工大学等高校。

有些人认为我运气好，总是遇上好学生。诚然，聪明的学生"天资"高，自然不是在高中三年突然"聪明"起来的。但如果没有更好的引导，他们未必能考取清华或北大这样的名校。在1989年至2002的14年间，我指导学生参加广西、全国中学生奥林匹克物理竞赛，有近百名学生获奖，其中获全国一等奖1次、二等奖1次，获广西一等奖3次、二等奖4次。我2次获中国物理学会的指导奖，9次获广西物理学会的"优胜者指导奖"。很多学生在报考大学时，选择了与物理相关的专业，足见物理老师对他们的影响很大。

我不能只是教书匠

上好课是好教师的基础，但不是教师工作的全部。

20世纪90年代，以计算机为代表的信息技术革命对基础教育的影响首先是从高中开始的。作为青年物理教师，我以极大的热情投入信息技术的学习。我陆续学习了DOS操作系统、Windows操作系统、金山汉字排版系统（WPS），FBASE语言、Internet基础，网页制作（Dreamweaver）、Flash动画、Photoshop（Fireworks）、3ds Max、Office办公系统，汉字输入技术（五笔字）等，每一种软件的应用都达到了熟练程度，并直接为教学服务。学校里，我第一个使用计算机打印学校管理文件，第一个使用FBASE语言编写计算标准分的程序，第一个制作学校网站，第一个制作物理动画（Flash动画和3D MAX动画）。我和学校的电教老师一起给全校教师和来校培训的全县科级干部培训班授课。我的信息技术基础和信息化能力就是那个时候打下的，至今仍受用。

担任分管教学的副校长后，我有更多的机会接受现代教育教学理论的学习和培训，认识到教育科研对教育质量的提高和教师专业化的发展具有重要的推动作用。我带头撰写论文，积极申报科研课题。其间，我有如下论文获省级奖：《线性、非线性思维与物理学习》（省论文一等奖，2002年）、《物理规律中的线性和非线性关系》（省论文二等奖，2002年）、《探究式教学的行动研究》（省论文二等奖，2001年）、《培养高中学生素质的思考》（省论文二等奖，2001年）。在报刊上发表的论文有《解读物理科考试说明》（考试报，1999年）、《审题津要》（中学理科参考资料，1999年）、《一所县级重点中学的计算机发展过程和体会》（现代教育装备信息，2000年）、《线性、非线性思维与物理学习》（广西教育，2002年）。

2001年，我申报广西教育科研规划重点课题"培养中学生科学素养和人文素养的研究"获得立项。这是学校历史上首次承担的省级重点课题。

在广大教师的共同努力下，学校的教育教学质量得到飞速提高，受到省、市教育行政部门的关注和表彰。1999年，我校被教育厅确定为广西首批示范性高中的首个试评学校，并于当年通过验收，成为广西的第一所示范性高中。因工作成绩突出，我获得了多项荣誉，如"南宁市优秀教师"（1995年）、"南宁市先进生产（工作）者"（1996年）、"南宁市教学骨干"（1998年）、"21世纪园丁工程"（B类）培养对象（1999年）、"南宁市优秀青年专业技术人才"（2000年）、"武鸣县现为武鸣区专业技术拔尖人才"（2001年）等。

我职业的第二个九年，专业化得到进一步发展，同时还负责学校教学管理工作，与其他行政工作者一起担负起百年老校在新时期发展的重任。2004年，为了个人专业的进一步发展，我辞去了全部工作，带着一点自信，拖家带口来到广州，来到一个新的更大的舞台，开始了个人专业的第三个发展时期。

我的成长汇报（2000—2003年）

我于1999年12月被南宁市教育局确定为"21世纪园丁工程"培养对象。三年来，在市、县教育局和所在学校的关怀下，在导师朱启毅、邓立东等老师的辛勤培育下，我在教育教学工作中取得一定的成绩，总结如下。

一、思想素质

我注重自身的政治思想建设，坚持四项基本原则，认真学习邓小平理论和"三个代表"的重要思想，学习党的十六大精神，自觉贯彻党的教育方针，在教育教学活动中，自觉实践"三个代表"重要思想，与时俱进，开拓进取，为武鸣高中教育的现代化贡献自己的力量。

我遵纪守法，在工作中兢兢业业，任劳任怨，不计较个人得失，全身心投入教学管理和教学实践；平时注重个人形象，做到平易近人，与师生关系融洽，做到为人师表。2000年10月，我被南宁市委、市政府授予"南宁市优秀青年专业技术人才"称号，2001年被武鸣县党委政府授予"武鸣县拔尖人才"称号。

二、教育教学工作

（一）教学管理工作

我任武鸣高中副校长，主管教学、科研和现代教育技术工作。这段时间，正是我国基础教育改革、高考制度改革力度加大的时期，作为主管业务的领导，我时时刻刻感受到自己肩负责任的重大，一刻也不敢放松对自己的要求。我给自己定下的工作目标是：协助校长，保持我校较高的教学质量，保证我校走在教育改革的前沿，促进我校教育全面面向现代化。

1. 常规教学管理

抓好教学常规工作是教学质量得到稳步提高的关键。三年来，我自觉以现代管理理论来指导教学常规的管理，科学规划教学常规的每一个环节。在学校相关职能部门的有力配合下，教学管理取得了显著成绩。2000年以来，每年高考重点线上线人数达140人以上，本科上线人数和各学科平均分保持在广西前20名。我所撰写的研究论文《教师教学过程评价浅探》和《武鸣高中教学管理系统浅析》获自治区相关学术团体优秀论文奖。

2. 课程改革

课程改革是新一轮基础教育改革的核心内容，为使我校的教育改革跟上全国步伐，我组织教师学习教育部的《基础教育课程改革纲要》，亲自做《基础教育课程改革纲要》的专题辅导讲座；负责制定《武鸣高中课程改革方案》《武鸣高中关于课程改革实施意见》《武鸣高中研究性学习课程实施方案》等文件，为学校全面实施教育改革做好规划；组织教师开发校本教材体系，开展研究性学习活动。目前我们已开设有校本课程摄影技术、影视审美、壮族文化、小小说入门、家用电器原理、走遍美国等15门，有"《聊斋志异》女性形象研究""武鸣县城客运机动三轮车现状分析"等161个研究性学习课题得到开展。

我校的课程改革表现为一种自觉行为，我们试图通过课程改革，为学生的终身发展奠定知识基础和能力基础，进而促进教学方式和学习方式的全面变革：从传统的教师"教"，学生被动"学"转变为学生"自主学"，教师为学生的学习提供环境和指导。

3. 教育科研

科研是学校教育质量持续提高的源泉，是教育现代化的必由之路。教师的科研活动直接接触并运用现代教育理论，将极大地提高教师的现代教育素质，并科学地解决教育教学中的问题。因此，我校把科研工作提到战略性高度来认识。2001年，我们组织教师积极申报教育部、自治区和南宁市教学科学"十五"规划课题。我自己带头执笔申报的广西教育科学"十五"规划重点（A类）课题"培养高中生人文素质和科学素质的研究"获得立项。目前，我校共有如下课题获得立项（省级以上）：

（1）"培养高中生人文素质和科学素质的研究"（省级重点A类，承担人：潘茂生）。

（2）"农村高中学生自主管理模式的研究"（省级C类，承担人：李时岗）。

（3）"网络环境下的课堂模式研究"（省级子课题，承担人：潘仕恒）。

（4）"农村中学信息化环境的构建研究"（教育部子课题，承担人：潘仕恒）。

（5）"校本课程对少数民族学生人格发展影响的研究"（教育部子课题，承担人：陶志成）。

三年来，我校教师积极撰写研究论文，并有一大批在报刊上发表或获得优秀论文奖。2000年，有13篇文章在省级以上刊物发表，获省级奖的有11篇，获市级奖的有40篇；2001年组织教师参加广西教育学会和广西教育科学研究所举办的优秀论文评比，获一等奖的有12篇，获二等奖的有22篇，获三等奖的有53篇；2002年选送87篇优秀论文参加广西教育科学研究所举办的优秀论文评比，获一等奖的有15篇，获二等奖的有39篇，获三等奖的有31篇。我校参评论文、获奖人数、获一等奖人数在全区学校中居首位，受到自治区教育专家的高度评价。学校先后被自治区教科所、自治区教育厅授予优秀论文组织奖。

为使课题研究扎实地开展，我组织科研处主任制定了相关的规章制度，按科研规范加强过程管理。2001年、2002年，我们均组织召开课题阶段成果交流汇报会，邀请广西教科所、广西电教馆、南宁市教科所和广西教育学院的专家教授到会指导，兄弟学校，如兴安中学、柳州铁路第一中学、柳江实验高中、南宁市三十三中学、邕宁高中、广西民族高中及县内学校教师到会观摩、交流。

我校教育科研的蓬勃开展得到自治区教科所、南宁市教科所等上级科研部门的充分肯定。2002年，我们承办了南宁市第六届科研兴校研讨会。学校被广西教科所定为"教育科学实验高中"，校科研处被南宁市教育局评为优秀科研机构。

三年来，我和科研处的主任一起，对学校的科研工作做了基础性的工作，既填补了课题研究的空白，也奠定了科研工作的格局，教育科研成为我校办学特色中的一个亮点，使学校走上了良性循环的发展轨道。

4. 教师培训工作

现代教育是由现代教育理论支撑的，为了提高教师的现代教育理论水平，增强教师驾驭现代教育的能力，我们多次组织教师业务培训。先后请广西师范大学、广西教育学院、广西教科所、南宁市教科所的教授专家来校讲学，组织部分教师参加市教育局举办的各种讲座。我们还与广西师范大学、广西高师培训中心联合举办硕士学位研究生课程进修班，全校65%的教师注册参加学习，并支持部分教师攻读教育硕士学位。

5. 现代教育技术工作

信息化是教育现代化的直接表现。2000年，我主要组织筹建计算机校园网工作。为保证校园网建设的顺利进行，我从方案的规划，到招标文件的审定、考察投标公司、谈判、组织专家评标、定标，以及整个建网过程全程参与。校园网首期工程（近200个终端）在当年通过验收，并投入使用。2001年，我们组织教师开展运用计算机多媒体技术、网络技术整合课堂教学的研究，我连续上了一个学期的计算机媒体课，为教师做示范。2002年，我们组织全校教师参与计算机信息资源库的建设，为教育教学提供优良的信息环境。目前，全校每个部门、教研组都建立了网站。

三年来，我们形成了学校现代教育技术的格局，现代教育技术正在教育教学活动中发挥巨大的作用。学校被教育厅定为"广西现代教育技术实验学校"。

（二）个人教育教学能力

1. 个人教学业务

三年来，我一直兼任物理教师，在常规教学中，坚持"少讲、多练"的原则，不代替学生思维，不代替学生解题，不代替学生运算，注重培养学生的自主学习意识和自主学习能力。学生的学习能力得到加强，参加2002年高考，班级平均分达627分（标准分，下同）。指导任教班级学生参加第十六届广西中学生奥林匹克物理竞赛（2001年3月），我校高二年级有21人获自治区区级奖，我任课的班级学生占了13名；参加第十八届全国中学生物理竞赛（2001年9月），卢伟华同学获全国一等奖，多人获自治区区级奖。我也先后被广西物理学会、中国物理学会授予"优胜者指导奖"。

我是我校物理学科的教学骨干。在2002年高考备考中，从制定复习计划、界定复习内容、把握复习方向到编写、审定模拟试题，我都承担了主要的工作。我校高考物理科标准平均分达568分，名列广西第18名，我任课班级的平均分达633分。

2001年10月，我参加广西中学物理教学改革创新大赛，获三等奖，给全县中学物理老师上了两节示范课，效果较好。

2. 个人进修学习情况

为提高自己的现代教育理论素养，我积极参加各种进修学习活动。进入广西师范大学教育经济管理硕士学位课程进修班学习，并已结业；目前还在攻读广西师范大学课程与教学论硕士学位。在研究生学历课程的学习中，我系统地学习了现代教育理论，对自身素质的提高和个人的进一步发展将发挥重要的作用。

此外，我热衷于对计算机应用技术的深入学习和研究，几年来，自学了大量的相关知识（Office、Flash、Photoshop、Fireworks、Dreamweaver、Frontpage、3ds Max、Authorware、Foxpro、Internet基础等），目前能熟练地运用计算机进行教学管理和教学设计。

三、个人的教育教学科研情况

1. 课题研究

我校目前承担的自治区教育科学"十五"规划重点（A类）课题"培养高中生人文素质和科学素质的研究"，该课题主要是由我论证申报的，我担任该课题组的副组长，协助课题承担人潘茂生校长对课题进行管理，是课题"实施方案"的主要执笔者。

目前我还独立承担国家和自治区两项重点课题的子课题研究工作。它们是：①国家教育科学"十五"规划重点课题"信息化进程中的教育技术发展研究"（总课题批准号：AYA010034）的子课题"农村中学信息化环境的构建研究"（教协科〔2002〕B146号）；②广西教育科学"十五"规划研究课题"运用计算机校园网络技术构建新型课堂教学模式"的（B类）子课题"网络环境下的课堂模式研究"。这两个课题的论证、申报和实施方案都由我完成，目前正组织部分教师开展研究工作。

2. 研究论文

三年来，公开发表的论文有：①《一所县级中学的计算机发展过程和体会》（《现代教育装备信息》，2000年第9期）；②《物理学习中的线性、非线性思维》（《广西教育》，2002年第26期）。

在学术团体中获优秀论文奖的有：

（1）《教师教学工作评价浅探》（2000年7月，广西教科所优秀论文二等奖）。

（2）《学以致用是实施素质教育的重要途径》（2000年，中国教育学会优秀论文二等奖）。

（3）《培养学生素质的思考》（2001年7月，广西教育科学研究所优秀论文二等奖）。

（4）《武鸣高中教学管理系统浅析》（2002年1月，广西教育学会优秀论文三等奖）。

（5）《关于开展现代教育技术工作的思考》（2002年1月，广西教育学会优秀论文二等奖）。

（6）《物理学习中的线性、非线性思维》（2002年7月，广西教育科学研究所优秀论文一等奖）。

（7）《物理规律中的线性和非线性关系》（2002年7月，广西教育科学研究所优秀论文二等奖）。

四、本人在本校、本地区发挥的辐射作用

几年来，我由于负责学校的教学管理工作，对学校教育的现代化、教学质量的提高发挥了重要的作用。此外，我能身体力行，以自己的实际行动推动教育事业的发展。例如，信息技术与课堂教学的整合探讨，坚持从我做起：2001年进行一个学期的计算机多媒体课堂示范，此后，这种授课技术广泛被教师接受；2002年，我又率先在计算机网络教室中采用交互式教学模式，又一次向教师推荐更先进的课堂模式。教学中，我注意运用行为主义理论、认知心理学、人本主义理论等多种先进的教育理论指导教学实践，积极探讨有效的物理教学模式，目前正在进行网络环境下学生自主学习的实践研究。在学校教育资源网的建立过程中，我带头制作学校主页及物理组、党支部承担的两个课题网站，并制作物理学习网站，由此推动了学校资源网的建立。

我积极参与学生的思想教育工作，利用周末对全校学生举行"科学技术分类学"和"学习的技术"的讲座，得到学生的好评；平时利用班会时间到各班级进行心理学和学习方法指导讲座。

针对我县教育科研落后的现状，我配合县教育局，在全县中小学领导中进行了一场教育科研的管理方法的报告，为兄弟学校的科研工作提供指导。

五、体会

总结三年来接受"21世纪园丁工程"培训历程，我感觉自己在教育教学能力上得到了很大的提高。首先，我把握这一难得的学习进修机会，自觉

学习了现代教育理论，缩短了自己与现代教育的距离，这是最大的收获；其次，市教育局为此开展了大量教育教学活动，我既学习了别人的先进经验，也看到了自己的不足，明确了努力的方向；最后，感觉到了压力。如何面对新世纪，如何面对日新月异的教育改革，是每一个有责任的教师需要思考的问题。导师朱启毅、邓立东两位老师的敬业精神以及深切的目光、热情的指导，使我不仅看到了压力更看到了动力：不让前辈教师失望，不让组织失望，既要为自己的明天负责，更要为教育的未来负责。

为期三年的培训工作即将结束，我还是感到有很多方面的遗憾。由于我担负行政工作，在学校教学管理上花费了大量时间和精力，学校的事业有一定的发展，但个人教学业务的进步与原来的培养目标有很大的差距。我将在今后的教育教学实践中努力实现目标。

申报正高级教师述职报告（2016年）

一、思想政治表现

我于1985年7月大学毕业后参加工作，本科学历，理学学士学位，1999年11月评为中学物理高级教师。

我拥护党的领导，遵纪守法，31年来钟情于党和人民的教育事业，勤勤恳恳奋斗在高中教学一线。现在是广州市"百千万人才培养工程"教育专家培养对象、广州市基础教育系统名教师、广州市优秀教师、广州市白云区优秀教师。从教以来，我获地市级"优秀教师"称号2次、地市级"先进生产（工作）者"2次，获白云区政府嘉奖2次，是地市级"优秀青年专业技术人才"、县级"专业技术拔尖人才"。

二、育人工作

我曾在三所不同类型的高中任教，坚持教书育人，德育工作取得了优异的成绩。在广西南宁市武鸣高级中学担任副校长期间，坚持以现代文化和优秀的壮族文化熏陶学生，教育学生厚德求知，追寻光明，从壮乡走向世界，2004年学校被评为"广西中小学德育工作先进集体"。2007学年在广州市第八十中学担任高三级长，科学规划编制高三工作历程表，精心安排每一阶段的备考工作，高考本科上线220人，学校获广州市高三毕业班工作一等奖，获奖排名列全市125所学校的第26名。2005学年在广州市第八十中学担任高三（2）班（物理班）的班主任，高三（2）班获校文明班级，本科上线20人，名列全校第一名。

在常规物理教学中，我坚持以科学精神和人文精神教育学生，培养学生求真求实的作风，攀登科技高峰的责任和担当。很多学生大学毕业后投身高科技领域，如2002年考取清华大学的潘彬彬，2008年毕业后服从国家分配，加入国家863重大科技专项"蛟龙号"载人深潜器的研制团队，负责一个重要部件的研制工作。

七年来，我持续研究基础薄弱学生的教育问题，2011年发表的教育论文《高中学生薄弱科目的成因及转变对策》提出，从学科基本素质入手转变学生的学业成绩进而转变学生思想品质的观点。经过这些年的教学实践，转化工作取得了良好成效。

三、课程教学

作为广州市教育专家培养对象、广州市基础教育系统名教师，我治学态度严谨，专业造诣高，学养深厚，在同行中有很高的威望。我数十年潜心研究高中物理教学，精通课程标准和教材，常规教学中视野开阔，善于把复杂问题简单化、抽象问题直观化处理，坚持教学的生活化引导，重视实验教学，语言幽默风趣，深受学生喜爱。

2016年高考我省重新使用全国卷，受广州市中学物理教研会的委托，2015年12月我主持全市的高三教研活动，就全国卷的"磁场"备考进行指导；2015年3—6月，两次承担华南师范大学基础教育培训和研究院"广州市教育专家培训项目组"安排的公开课和课题报告活动；2016年3月受白云区教育局的安排，代表白云区到贵州省黔南州龙里县为全县高中物理教师上示范课；2012年4月受广西希望高中的邀请，为全校教师举行了"教师专业化发展"的专题讲座。七年来，我在白云区上示范课2次，上校级示范课1次，获学校教学突出贡献奖5次，教学满意率均为优秀。

任现职以来的近十九年间，累计上课时数5134节，周平均课时数7.27节（另担任行政和班主任工作）。任教高三9次，并担任把关教师，其中，2002年和2004年各有一名学生考取清华大学，2005年任教班级高考本科上线人数全年级第一名，2007学年任教班级高三（1）班和高三（2）班（物理班）的高考总平均分为86.8分，最高分135分，120分以上6人，100分以上41人，是学校近十年来的最好高考物理成绩。2009学年任教的高三（4）班的高考平均分达66.0分（满分100分），比同组平均分高7分，是学校近五年来的最好成绩。2012学年任教高三（8）班和高三（11）班，2014学年任教高三（11）班和高三（12）班，两年均获"广州市物理学科高考突出贡献奖"。

在广西工作期间担任学校物理奥林匹克竞赛指导教师，1989年以来指导学生参加省级以上物理奥林匹克竞赛，有近百人获奖，其中有两位学生分获全国一、二等奖，本人2次获中国物理学会、8次获广西物理学会的"优胜者指导奖"。任教班级的一大批学生高中毕业后考取名校，如考取北京大学的有刘俊（1992年），考取清华大学的有隆锦胜（1995年）、何妍（1999年，高考总分广西理科第二名）、潘彬彬（2002年）、王唤宇（2004年）等，这些学生大学毕业后大都进入高科技领域，为国家的科技现代化做出了重要贡献，如前述的潘彬彬参与"蛟龙号"载人深潜器研制工作，1990届学生黄立南现为中山大学生命科学院教授，1994届学生黄平捷现为浙江大学自动控制系教授。

四、教研科研

任现职以来，我承担或参与省、市教育科学规划课题4项，发表论文11篇。

我从2009年起开始关注研究基础薄弱学生的教学问题，并通过承担省、市教育科学规划课题的方式进行深入的研究。七年来共发表研究成果9篇，归纳形成"面向低生源组学校的高中物理分级教学方案"，编写了面向基础薄弱学生的分级学案资料（必修系列、选修3系列和高三第一轮复习）供全校使用，研究成果获广州市教学成果二等奖。

承担的广州市教育科学"十二五"规划课题"高中物理教学分级评价研究"于2015年7月以优秀等级结题，承担的广东省教育科学"十二五"规划课题"提高低生源组高中学生物理成绩的教学对策研究"已进入结题申请阶段。参与研究的课题有广东省教育信息技术研究"十一五"课题"利用网络学习社区扩展研究性学习方式的校本研究"（排第3位的研究人，2011年并结题）、广州市"教育e时代"应用实验研究项目"构建网络环境下普通高中班会课教学模式的校本研究"（排第4位的研究人，2012年结题）。

我的研究成果都围绕构建面向基础薄弱学生的教学方案展开，探究学生学习基础的论文有4篇［《高中学生薄弱科目的成因及转变对策》（2011年）、《平缓铺造高中物理的初始台阶》（2014年）、《概念和规律回归生活的教学引导》（2015年）、《高中物理的数学基础及面向基础薄弱学生的教学对策》（2015年）］探究分级教学方案的论文有2篇［《高中物理课程分级评价浅探》（2012年）、《高中物理分级教学浅探》（2013年）］研究学科核心概念的分级教学论文有3篇［《〈碰撞与动量守恒〉的层次及教学》（2014年）、《牛顿运动定律的知识线索与复习建议》（2016年）、《学科核心概念视角下对速度概念的重新认识》（2016年）］。其中，《平缓铺造高中物理的初始台阶》和《学科核心概念视角下对速度概念的重新认识》发表在中文核心期刊《现代中小学教育》上，并被中国人民大学书报复印资料中心《中学物理教与学》全文转载，这是一线教师对高中物理教学探索的步伐，成为我国高中物理教师教研成果的组成部分。

当前，就教育的现实环境而言，人们更愿意把好的教育资源向优生倾斜，甚至把原来属于基础薄弱学生的资源也"剥夺"过去，因此，作为教育中的弱势群体，基础薄弱学生更有理由呼唤教育公平，他们不仅需要关注，更需要实实在在的学习帮助。我的研究目的就是为这一群体提供帮助，同时也呼唤更多的优质师资加入进来，共同来提高构成国家劳动力基础的这一群体的文化素养和科学素养，我的研究具有重要的意义。

五、示范引领

在31年的教育生涯中，我迎来送往数万学生，知识改变了他们的人生境遇，我自己也获得专业的成长。我先后被评为广西南宁市优秀教师（1995年）、南宁市优秀青年专业技术人才（2000年）、武鸣县专业技术拔尖人才（2001年）、白云区优秀教师（2007年）、广州市优秀教师（2015年），两次荣获"南宁市先进生产（工作）者"称号（1992年、1995年），两次获白云区政府嘉奖（2008年、2010年）。

我甘做人梯，悉心指导青年教师的专业化成长。作为广州市中学教师培训实践基地物理学科的负责人、首席指导教师，我曾负责来自贵州省黔南州荔波县的3位跟岗教师的教学指导工作；担任白云区两所学校16位青年教师的指导老师，从教学设计、观课评课和教学示范等方面指导课堂教学，从解读课程标准和教材等方面指导把握教材，从教学论文的撰写以及课题研究等方面引领教师专业成长。指导的陈金华老师是广东省省级骨干教师培养项目首批培养对象、广州市中学物理教研会理事，刘涛老师是白云区青年骨干教师培养对象，王新建老师现任广州市第八十中学的物理科组长；陈金华老师获"中国梦·园丁美——广州市中小学青年教师教学基本功和技能竞赛"一等奖，黄流东老师获广州市青年物理教师技能大赛二等奖，陈杏子、唐序煌、徐金玲老师获"广州市高一物理教师教学设计比赛"二、三等奖，刘艳琳老师获白云区青年教师教学比武一等奖。在我的专业引领下，白云中学物理科组成为一个奋发向上的学习型科组，2011年以来连续五年获"广州市物理学科高考突出贡献奖"，被评为广州市优秀物理科组。

在工作过的三所学校中，我还负责学校教学管理工作，每到一所学校都把教学管理推到新高度。在广西南宁市的百年名校、首批国家示范性高中——武鸣高级中学担任分管教学的副校长七年（1994—2001年），坚持以信息化带动教育的现代化、以教育科研引领教师的专业化发展，为学校教学水平保持在广西普通高中的领先地位奠定了坚实的基础。在广州市第八十中学负责教学处全面工作两年，为学校教学管理、新课程体系建设和高三管理做出了重要贡献，学校教学质量保持在全区的领先地位，连年获广州市高中毕业班工作一等奖。2009年9月调入广州市白云中学，针对学校由师范转制为普通高中（1999年），教学管理大多沿用师范体系而不适应普通高中需要的情况，在学校行政的支持下，在较短的时间内重建了面向普通高中的教学管理体系，制定教学常规、考试制度、教学考核及评价制度、教师专业化发展制度，推进学校三级课程体系建设，推进学校信息化建设。一系列的基础性管理改革带来教学质量的稳步提高，全校成绩不断进步，高考本科上线人数由2009年的29人增至2015年的214人，学校连续两年获广州市高三毕业班工作一等奖，教学质量的大幅度提高得到了上级领导和同行的高度评价。

本人信息技能能力强，信息素养较高。我参加广东省教育信息技术"十一五"规划课题和广州市"教育e时代"项目的研究，在《中国教育信息化》发表学校信息化的论文。20世纪90年代末在武鸣高级中学领导了以计算机校园网建设为核心的学校信息化工作，现在在广州市白云中学又推动以实现"智慧校园"为目标的教育信息化工作，对新型平板教学平台、居于微信平台的学校管理（微官网、微OA系统、微教学、微德育管理等）、线上线下慕课教学等进行研究，引领学校走在教育信息化发展的前沿。

31年的教学历程中，尽管教育理论、教学环境、教学对象在变化，但我对教育的真心和追求没有变，一直走在教育探索的路上。

我的教育专家之路（2017年）

2014年7月，我被广州市教育局确定为广州市基础教育系统新一轮"百千万人才培养工程"第二批教育专家培养对象，在三年多的培养中，我珍惜每一次学习机会，积极参加全部培养活动，努力以教育专家的标准严格要求自己，在师德、教育能力、教科研能力和社会影响力等方面得到了显著提高。

一、师德表现

32年来，我忠诚于党和人民的教育事业，勤勤恳恳奋斗在高中物理教学一线。我珍惜党和政府给予的学习培训机会，以积极的态度努力工作，现在是广州市基础教育系统名教师，2015年9月被市教育局授予"广州市优秀教师"称号，2017年4月被白云区教育局认定为"白云区名教师"，2016年12月被评为高中物理正高级教师，2017年11月被确定为广东省中小学名教师工作室主持人。

二、学习表现

在三年的学习培训活动中，我全勤参加了所有培训项目，没有因事请假等现象。三年来参加的主要学习项目如下：集体集中培训学习5次，参加广州教育大讲坛2次，参加"广州市'百千万人才培养工程'赴美学习归国论坛"2次，参加"中美校长高峰论坛——美国荣誉校长中国行"1次，到江苏南通进行教育考察1次（一周），到美国进行基础教育考察1次（中美基础教育思想比较实践学习交流团，共3周），与同组学员梁国洲、王穗芳、曾国琼、朱少详进行了5次互访学习。

在集中学习培训中，我听了莫雷教授、王红教授、董志强教授、邬志辉教授、肖建彬教授等专家的专题讲学，得到了戴健林教授、黄牧航教授、童汝根博士、张伟春局长和潘世详老师等专家面对面的学习指导。到江苏南通学习，我直接感受了人民教育家普普通通的教育教学工作和强烈的教育情怀，更看清了自己要走的路，拉近了我们与人民教育家的距离。到美国教育考察，不仅看到了我们与美国的差距，也产生了强烈的学习追赶意识，对自己的教育理念产生很大的冲击。

每次学习活动我都按时完成作业。在到江苏南通的学习考察活动中，我写了3000多字的总结，并向本校老师做了专题学习汇报。到美国的教育考察活动，我写了10000多字的考察报告，撰写了论文《探寻美国基础教育的创新基因》，在教育核心期刊《现代中小学教育》（东北师范大学主编）上发表，同时向全校师生做了题为"我看到的美国教育"的专题汇报。

三、教育科研

三年来，我积极参加教育教研工作，取得了重要成果。

（1）独立完成两项教育课题的研究工作。2017年4月，我承担的广东省教育科学"十二五"规划课题"提高低生源组高中学生物理成绩的教学对策研究"以优秀等级结题（2015年4月立项）；2015年7月，承担的广州市教育科学"十二五"规划课题"高中物理教学分级评价研究"以优秀等级结题。

（2）2015年9月，研究成果"面向低生源组学校的高中物理分级教学方案"获广州市教学成果二等奖。

（3）撰写的研究论文有5篇在教育期刊上发表：《学科核心概念视角下对速度概念的重新认识》（《现代中小学教育》，中文核心期刊，第一作者，人大复印资料转载，2016年3月）、《牛顿运动定律的知识线索与复习建议》（《中学物理》，独著，2016年5月）、《概念和规律回归生活的教学引导》（《湖南中学物理》，独著，2015年7月）、《高中物理的数学基础及面向基础薄弱学生的教学对策》（《中学教学参考》，独著，2015年8月）、《利用橡皮筋探究变力做功的实验改进》（《物理教学探讨》，第三作者，2016年11月）。

其中，《学科核心概念视角下对速度概念的重新认识》被中国人民大学书报复印资料中心《中学物理教与学》全文转载，成为我国高中物理教师教研成果的组成部分。

通过一系列的理论研究和教学实践，形成了高中物理分级教学方案，正对我校教学产生积极的影响。

四、教学业绩和社会影响

从教以来，我一直在高中物理教学一线，对教材、教学大纲、课程标准、考试大纲、考试说明都做了深入的研究，对课堂教学的形式、模式进行了长期的探索和实践，形成了轻松、愉快、幽默的教学风格，深受学生喜爱。

从2009年起我开始关注研究基础薄弱学生的教学问题，历经八年研究，形成的成果"面向低生源组学校的高中物理分级教学方案"获广州市教学成果二等奖。众所周知，人们更愿意把更好的教育资源向优生倾斜，甚至把原来属于基础薄弱学生的资源也"剥夺"过去。因此，后者更需要教育公平，他们不仅仅需要口头上或精神上的关注，更需要实实在在的学习帮助。我的研究要为他们提供帮助，为提高构成我国劳动力基础群体的文化素养和科学素养进行研究，这就是我所做的教育研究的意义。

我还是学校多位青年教师的指导老师，其中陈金华老师成为广州市"百千万人才培养工程"名教师培养对象，指导陈杏子、唐序煌、徐金玲等老师获"广州市高一物理教师教学设计比赛"二、三等奖。2015年，本人获"广州市物理学科高考突出贡献奖"。三年来，教学成绩优秀，多次获学校"教学成绩突出贡献奖"。

我有较强的教学管理能力，是学校教学工作的主要规划者和组织者，在常规教学管理、高三教学管理和教育信息化等方面都有建树。因对学校的教学管理做出了突出贡献，得到上级领导和同行的高度评价。

五、示范辐射

三年来，我主持全市教研活动以及做专题发言2次。由于我省的高考重新使用全国卷，受广州市中学物理教研会的委托，2015年12月我主持全市的高三物理教研活动，就全国卷的"磁场"备考进行指导。2016年9月，在全市教研活动中，做题为"高一物理的教学台阶问题"的专题发言，受到与会教师的高度评价。2016年3月，受广州市白云区教育局委派，到贵州省黔南州龙里县为全县的高中物理老师上示范课1次。

六、不忘初心，砥砺前行

32年的教育耕耘中，一路走来，有感动，有疑惑，有偶然，有必然。

1985年跌跌撞撞入了师门，当时曾想要做一名好老师，1999年被评为高级教师，2012年被评为高级教师五级岗位，中学教师的路似乎到了瓶颈。2013年被确定为广州市基础教育系统名教师时，更认为该到码头靠岸了，但2014年遴选广州市"百千万人才培养工程"第二批教育专家培养对象时，我还是鼓起勇气搭上了对于自己而言的末班车，有幸成为这个团队的一员，于是，在教师之路上再次受到激励。在这看似偶然的背后，有一些必然的东西，三十多年的教育生涯形成了一种潜意识，教育是使人向上的，当看到向上的机会，自己不敢不争取，于是，追求与探索的脚步就停不下来，就有了继续前行的冲动和行动。这大概就是积极的人生观和深厚的教育情怀在发挥作用。

教育家不是一张证书，不是一个标签，而是一种责任、一种使命、一种情怀，是探索与引领的责任，是对基础教育发展的使命，是坚守教育的情怀和不断进取的强大驱动力量。在对教育的探索中一步一个脚印，走完一步再向前一步迈进，教育家永远在路上。

（2017年11月25日）

2019年9月，在广州市教育局组织的"第二批教育专家培养对象"的结业考核中，我获得优秀等级。

教与学的研究

主要介绍作者在广西工作期间的教学研究，时间跨度为1990—2003年，内容有高考研究、教学内容研究、学习指导、学生思维、课堂教学改革等。

审题津要（1999年）

内容提要：本文对审题中常见的错误做了剖析，并阐明审题的一般方法和应注意的问题，我认为审题问题是一种智力问题，但往往表现为非智力问题。

审题是解题的第一步工作，是能否正确地解题的关键。一般审题工作跟一定的知识和经验有关，但它往往表现为一种非智力问题；而复杂的审题工作则和扎实的基础知识和较强的综合能力紧密相关，它表现为一种强烈的智力活动。本文以近几年来高考物理试题为例，侧重谈谈考生在审题中常见的错误以及审题的一般方法和应注意的问题。

一、审题中常见的错误

1. 阅题粗糙，欲速而不达

例1：（1997年高考题）一游标卡尺的主尺最小分度为1mm，游标上有10个小等分间隔，现用此卡尺来测量工件的直径，如图1所示，该工件的直径为_____mm。

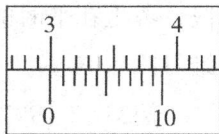

图1

通常，游标卡尺的读数以厘米为单位，但例1中，命题者要求填写以毫米为单位的读数。有的考生并没有看清题目，就不假思索地填下2.98，而正确的答案却是29.8。这样的错误是屡见不鲜的，考生丢分并不是智力因素。

2. 思维定式，造成低水平的错误

考生在考前都进行了反复的复习和大量的训练，熟悉各种题型。在考试中，一旦见到自己熟悉的题型，往往不假思索、"条件反射"地得出答案或确定解题方法，犯了致命的错误。

例2：（1998年高考题）宇航员站在一星球表面的某高处，沿水平方向抛出一小球，经过时间t，小球落到星球表面，测得抛出点与落地点之间的距离为L。若抛出时的初速度增大到2倍，则抛出点与落地点之间的距离为$\sqrt{3}L$。已知两落地点在同一水平面上，该星球的半径为R，万有引力常量为G。求该星球的质量M。

该题是万有引力定律和平抛运动的综合题，具有一定的难度。在平时的训练中，平抛运动习题通常给的是抛出点和落地点的水平距离，而本题的L和$\sqrt{3}L$却是抛出点和落地点之间的（直线）距离。不少考生在考后谈论解这道题目的经过时，不约而同地说"冒了一身冷汗"：列第一个位移方程时，就把L看作水平距离；当列到第二个位移方程时，才发现有矛盾。因为两次抛出点高度相同，下落时间相等，抛出速度增大到2倍，水平距离应是$2L$，而不是$\sqrt{3}L$。再一次阅读题目，才恍然大悟题目的用心。也有不少的考生未能跳出这一陷阱。该题正确答案为$M=2R^2L/\sqrt{3}Gt^2$。

3. 不作示意图（或作图不认真），造成解题障碍

《考试说明》把"弄清所给问题中的物理状态、物理过程和物理情境"作为考查"分析综合能力"的首项要求。要弄清物理状态、物理过程和物理情境，必须借助一定的物理示意图来分析。由于要加大对"分析综合能力"的考查，命题者故意不给一些题目的示意图，有些题目虽给出一定状态的示意图，但不给出物理过程示意图。因此，画图成为求解物理问题的必需手段，考生在平时的训练中要养成规范画图的解题习惯，这也是一种科学的思维习惯。

例3：（1997年高考题）质量为m、电荷量为q的质点，在静电力作用下以恒定速率v沿圆弧从A点运动到B点，其速度方向改变的角度为θ（弧度），弧AB长为s，则A、B两点间的电势差$U_A-U_B=$_____，弧AB中点的场强大小

$E=\underline{\qquad}$。

这是一道"较难"的题目，没有题图，它的隐含条件比较深。但如果考生能正确地作出图2，则不难看出，由于带电质点仅受静电力作用而做匀速圆周运动（此静电力即向心力），说明该电场是由圆心处的点电荷产生的，而圆弧AB应当是该点电荷产生的电场中的一个等势面，A、B两点间的电势差为零；其中点的场强大小和同一圆周上各点场强大小是相等的。只有意识到这些，才可能继续进行第二步的运算。

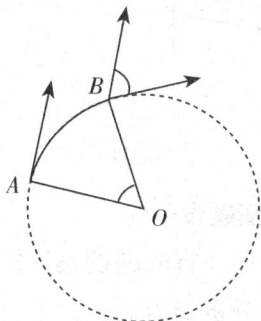

图2

4. 审题考虑问题欠周密，解答不全面

一个物理现象，一种物理结论，往往是由多方面构成的，因而存在着多种可能性。考生在解题中要多一点儿心眼，思路要开阔一些。

例4：（1998年高考题）如图3所示，L为薄凸透镜，点光源S位于L的主光轴上，它到L的距离为36cm，M为一与主光轴垂直的挡光圆板，其圆心在主光轴上，它到L的距离为12cm，P为光屏，到L的距离为30cm，现看到P上有一与挡板同样大小的圆形暗区ab，求透镜的焦距。

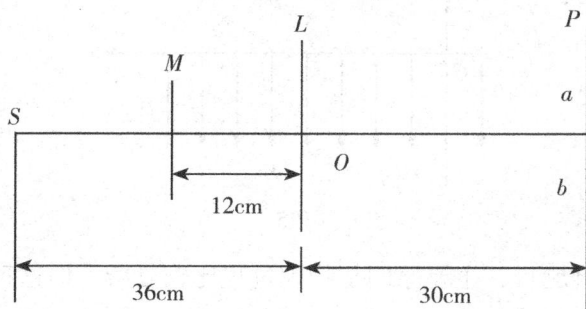

图3

中、上水平的考生都有能力求解此题，但多数考生只考虑了形成暗区的一种情况，如图4（a），而另一种可能同样是存在的，如图4（b）。意识到有两种可能并正确地作图后，再利用相似三角形的性质和物像公式，就可解得该题的两种可能焦距分别为25.7cm和12cm。

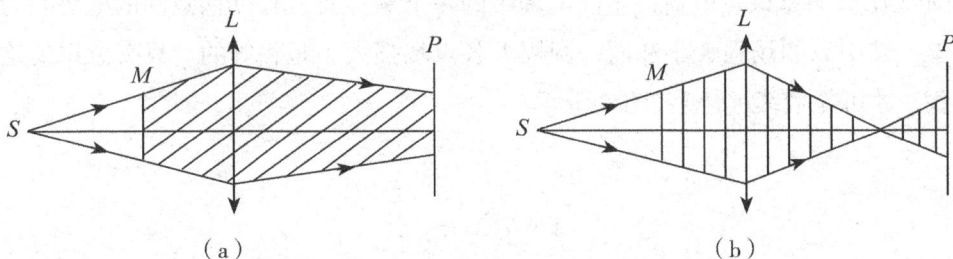

（a）   （b）

图4

5. 未能读透题目，看不清题设条件

每道题都给出一定的条件，有的题设条件较明显，有的题设条件较隐蔽（隐含条件）。由于理解和分析能力低下，不是看不懂已清楚给出的条件，就是看不出隐含条件，造成解答错误，甚至无法解答。

例5：（1998年高考题）如图5所示，在x轴上方有垂直于xy平面向里的匀强磁场，磁感应强度为B；在x轴下方有沿y轴负方向的匀强电场，场强为E。一质量为m，电荷量为$-q$的粒子从坐标原点O沿着y轴正方向射出。射出之后，第三次到达x轴时，它与O点的距离为L。求此粒子射出时的速度v和运动的总路程s（不计重力）。

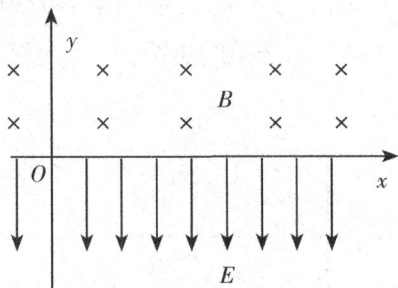

图5

本题属较难题目，主要原因是物理过程比较复杂。但这种类型的题目在平时的训练中是经常遇到的。粒子进入磁场后，先做半圆周匀速圆周运动，然后进入电场，改做匀变速直线运动（先匀减速向下后匀加速返回），返回

后又重复前一次运动。不少考生都清楚这些物理过程，但却认为粒子是在磁场中完成第三个半圆周运动时第三次到达x轴的。实际上，粒子第三次到达x轴时，有一次是从电场中到达x轴的，另外两次是从磁场中到达x轴的。因此，粒子仅仅在磁场中做了两个半圆周运动。对"第三次到达x轴"这一句话理解不透，导致解题错误。

本题答案为$v=qBL/4m$，$s=\pi L/2+qB^2L^2/16mE$。

二、审题的一般方法

从上面的分析可看出，审题在解题中的作用非常重要。是否有解题的思路，能否正确解题，都取决于审题工作的好坏。在平时的训练中，要加强对学生审题训练，这样学生才能在考试中胸有成竹。审题的一般方法和应注意的问题如下。

1. 细读题目，弄清题意

题目本身就是"怎样解这道题"的信息源。每道题一般有多个信息点，包括卷前面说明的要求和物理常数、题中对物理现象和过程的陈述以及题目所给出的条件和要求的问题等。如果遗漏或弄错一个信息，就会感到困惑不解，或误入歧途。因此，对容易题也应认真审题，切忌不看全题，断章取义，看一段，做一段，急于求成，甚至题未读完，答案已出，主观臆断会使简单题也失分。对于较难的题由于心理压力较大以及题目本身的复杂性和新颖性，审读一遍后可能还没有眉目，更应静心审读两三遍，反复仔细思考，弄清题意。

2. 抓住题目本质的叙述，深释题意

在题目的叙述中有的是起主要作用的因素及有关条件，有的是次要的、表面的，有的是故意设计的、有干扰性的。审题时要排除那些干扰的多余条件和信息，抓住题目的核心、与题目问题有关的主要的本质因素，弄清问题的实质和特征以及各种可能性。当碰到熟悉的题型时，切莫得意忘形，更应注意它们的本质区别，避免定式思维的影响。

3. 分层解剖，弄清内在联系

在认真通读、细析全题的基础上，按题意的知识结构，解剖为几个层次，层层透彻理解，进而弄清各层题意的内在联系，尤其较复杂的难题，一般都是由若干简单的问题构成的，只要分清其组成及联系就能化难为易、化

教与学的研究

繁为简。

4.发掘隐含条件，顺利解题

任何物理问题都是在特定的条件和范围内根据物理现象和规律拟定的。有些题设条件直接给出，有些条件却隐含在问题之中，审题时必须从题中的关键词语、数据图表、物理现象过程的陈述中发掘隐含条件，找出解题的充要条件，使问题得到顺利解决。

5.借助图示审题，拓展思路

画出示意图是审题中一个重要环节。一幅好的示意图可将物理变化及其关系直观、形象地表示出来，有利于比较、分析、判断和推理，拓展思路，为准确解题叩开大门。作图必须符合题意、比例适当，切忌乱画乱涂造成误导。

解读物理科考试说明（1999年）

在新近颁发的1999年普通高考《考试说明》（物理科）中，在一些内容和要求上有较大的变化。下面结合近几年的考题，分析其主要变化。

一、如何理解考试内容和要求的调整

1. 关于连接体问题

在第三部分"牛顿定律"第二点"说明"中规定，在应用牛顿定律处理连接体问题时，只限于各物体的加速度、速度的大小和方向都相同的情况（与1998年的《考试说明》规定相同）。而第三点（带星号）是今年增加的："不要求对于两个或两个以上物体应用牛顿第二定律列方程联立求解。"从第二点的规定来看，还是肯定了连接体的存在，只是要求其加速度、速度的大小和方向都相同，题型如"题型示例"第三部分"论述、计算题"中的第1题。第三点的规定应该是指连接体中加速度和速度的大小及方向可能不相同的情况，对这一类型题目，需要通过联立方程才能求解。在（应用牛顿定律）处理连接体问题时，不再出现超过两个物体的情况（近几年的考题也是这样），但并不意味着在其他情况下（如碰撞）不出现超过两个以上的物体，如1998年试题的第25题就是三个物体的相互作用。牛顿定律是普通物理学的基本内容，因而是高考的必考内容，考生不可掉以轻心。

另外，这一部分内容还删除了"物体受力分析、受力图"。众所周知，分析研究对象的受力并规范地作出受力图示是物理学的基本方法之一。因此，不能理解为不需要（对物体）进行受力分析。

2. 关于动量定理

在第五部分"动量、动量守恒"中，"内容"的规定跟往年一样没有变化，但在"说明"中增加了第二点（带星号），即"不要求用动量定理的公式进行计算"。动量定理的基本内容及其应用仍要求掌握（B程度），但应该是偏向于定性应用。即使出现了类似定量应用动量定理的计算题型，也可

教与学的研究

以通过其他方式（如牛顿定律等）来解决。至于求解"平均冲力"等变力问题，不应该再出现。本来，对动量定理的应用（定量或定性）一直都是高考的必考内容，今年在定量上没有要求了，有些教师心里总是有点不踏实。显然，试题对动量定理的能力要求已相应降低。

3. 关于几何光学

对几何光学的调整较大，"说明"中增加了两点（均带星号）：一是不要求用公式计算临界角；二是不要求用透镜成像公式进行计算。这样，对几何光学的计算要求只剩下折射定律了。我认为，关于全反射及其临界角，仍需要弄清（B程度）物理现象和意义；对透镜成像，则应着重从定性上（通过作图法等）掌握成像规律，并能通过作图法求解诸如焦距、物距、像距等问题。由于"内容"中并未删除"成像公式、放大率"，故应用这些公式定性解释成像规律也是有可能的。

由于做了两点删改，光学这一部分的占分比例也由去年的12%降至今年的10%（减少的2%加到热学中）。

4. 半衰期问题

"原子和原子核"部分的内容和要求与往年没有太大的变化，只比往年多了一点"说明"，即"不要求计算有关半衰期的问题"。半衰期概念仍需要理解（A程度），但不再要求进行计算。

5. 附录中样题的变化

样题中，第Ⅱ卷（主观题）的赋分值比往年多12分，多出的这些分数都集中赋给第四大题（计算题）。该大题的小题数仍然是5题，但各小题的赋分值相应增加，最高分值达到16分。这一调整显然是为了更好地体现能力考试的要求。但能否达到预期目的仍有待检验。"题型示例"的第三部分"计算题"改为"论述、计算题"（但样题的第四大题题首规定与往年相同，没有专门的"论述"要求）。何为"论述"？"示例"中的第2题和样题中的第22题有一点"论述"的味道。对某一物理现象、结果（包括实验）的讨论，也是一种"论述"。如何把握"论述"，就由读者去体会了。我认为，不太可能出现像文科论述题那样的题目，它不符合现行的中学物理教学实际，同时会增加评卷的难度和不准确性。

6. 其他的删改

"交流电"的"说明"中，删去其中的一点"不要求了解发电机、变压器等设备的技术细节"。更细的"细节"无法从中学教科书中介绍清楚，但一般的"细节"还是要求学生了解的。

"磁场"中删去"安培定则"，增加了对电流产生的磁场的说明；"恒定电流"中删去"焦耳定律"。上述删除主要是考虑到这些内容与初中知识重复。

在"恒定电流"的"说明"中删去"要求会解简单的混联电路问题"。其实，是否有这一点"说明"意义不是很大。近几年来，考题所给的电路图都比较简洁，但却包括很深刻的物理意义。因此，对这一部分的能力要求不会有什么变化。至于把以往的一些知识点进行合并或整理，不是实质性的调整。

在新颁发的高中物理教学内容和要求的调整意见中，还有其他一些删改。由于《考试说明》和《教学大纲》在性质上有区别，故在复习备考中，仍然以《考试说明》为主要依据。

二、如何评价这些调整

近年来，为了适应教育改革的需要，《考试说明》每年都要做一定程度的微调。但这次调整涉及高中物理中一些重要定理和规律（如动量定理等），因此是一次比较大的调整。

我们知道，这几年的试题都能很好地把握《考试说明》对知识和能力的规定。对此，教育部考试中心试题评价组对当年试题的《评价报告》都给予充分的肯定。

对1997年的主要评价有：试卷结构合理，重视基本知识的考查，注重全面考查各种能力；能严格依据《考试说明》的规定，力求稳定，适当降低难度，是一份好试卷；建议命题（1998年）坚持1997年高考命题特点，保持稳定。

对1998年的主要评价有：试卷的难度和区分度控制较好，全面考查五种能力，层次清楚，能力要求与题型功能结合较好；能严格依据《考试说明》的规定设计试卷，是一份对当前推进素质教育有良好导向作用的好试卷；建议命题（1999年）保持1998年试题难度分布与整卷难度控制的特点。

从这两年的考试结果来看，这些评价都符合实际，每年的考题都严格依据《考试说明》的规定进行设计，并能达到预期的效果，正因为这样，《考试说明》具有极大的权威性。

高考的性质决定了试题"应有较高的信度、效度、必要的区分度和适当的难度"。因此，不论考试内容如何调整，都继续把对能力的考核放在首要位置。知识和能力是有机的统一体，对能力的考核可以通过对一定知识的考核加以实现。本次调整减少了一些内容，降低了对一些内容的能力要求，但并不是降低高考的能力要求。当然，它在客观上能一定程度上减轻中学生的课业负担，适应素质教育的需要，也符合出题的另一原则。

（本文发表在《考试报》1999年3月19—26日）

近几年高考物理试卷比较分析（2000年）

自1995年起，绝大部分省市开始使用150分制的全国普通高考试卷。从物理科来看，四年来试题难度总体上稳定，考试内容都能严格地控制在《考试说明》所规定的知识范围内，而能力要求则始终围绕着试题的首要功能——选拔展开，至于试题的另一功能（对中学物理教学的导向功能）正越来越多地被出题者所重视。分析四年来的物理试题特点，对中学物理教学来说，是一件有意义的事情。

一、试卷结构的变化分析

对考生知识和能力的考核要以适当的试卷结构形式表现出来。理论上，任何一份具有选拔功能的试卷，都要求能最大限度地区分出考生的能力层次。而实际是，考试过程不仅是知识和能力的考试，也是复杂的心理活动的参与过程，因此，试卷结构的合理性对区分考生的能力有着重要的影响。

四年中，试卷结构都由选择题、实验题、填空题、计算题四大部分组成。其中，前三年的选择题又分单项选择题和不定项选择题，1998年则把两部分选择题合二为一。1995年的试卷没有把实验题单独列为一套大题，而是混排在填空题中。题型分布见表1，各题型赋分值见表2。

表1

年度	选择题		填空题	实验题	计算题	总题数
	单	多				
1995	11	7	5	3	4	30
1996	8	6	4	3	5	26
1997	5	9	4	3	5	26
1998	—	12	5	3	5	25
1999	—	12	4	3	5	24

教与学的研究

表2

年度	选择题		填空题	实验题	计算题	总题数
	单	多				
1995	33	35	25	17	40	150
1996	32	36	20	17	45	150
1997	15	45	20	17	53	150
1998	—	60	20	17	53	150
1999	—	48	20	17	65	150

1995年的试卷结构基本沿承了以往试卷的特点。从1996年起，试卷的总题数由30题减为26题，以后相对稳定在25～26题。其中，单选题的题数和分值逐年减少，多选题的题数和分值总体上增加。1997年又调整了选择题的结构、题型和赋分值，首次出现多选题题数多于单选题，1998年则取消单选题。这一调整一方面是为了减少考生因猜题得分所造成的负影响，另一方面是因为选择题在能力考试中存在一定的局限性。填空题的总题数保持在4～5题，1997年的填空题难度比较大，总难度值仅为0.31，为五道大题中的最低者（见《1997年全国高考物理试卷评价报告》原国家教委考试中心试题评价组）。1998年把填空题改为5小题，题目难度有所下降，但考查能力的梯度明显，能较好地区分不同层次的学生。四年中，在第Ⅱ卷安排的实验题均设计为3题，总分值为17分，题目从易到难，层次分明。计算题则从1996年起增到5题，难度与题目的赋分值相符。以上这些调整，主要是围绕能力考试的要求进行的，同时也兼顾了中学物理教学实际。

1997年和1998年的试卷特点很明显，第Ⅰ卷主要考查基础知识及其简单应用和推理，不要求进行复杂的数学运算，能力要求的层次相对较低；第Ⅱ卷则对《考试说明》中提出的五种能力特别是分析综合能力和运用数学工具能力进行全面考查，要求的能力层次较高。原国家教委考试中心试题评价组在对1997年物理试卷的评价中指出，1997年的试卷"是一份比1996年高考物理试卷更好的试卷"。而1998年对试卷的调整，不论是对考生能力的考核还是对中学物理教学的导向作用，都产生了积极的影响。从评卷点的信息反馈和众多中学物理教师的评价看，这份试卷在结构、知识容量、题目难度和考查能力的层次上更加科学、合理，是近几年来比较成熟的优秀试卷，应该成为往后高考物理科的样板试卷。

二、知识点比较

表3是四年来试题中出现的主要知识点统计。

表3

考试内容	1995 年	1996 年	1997 年	1998 年
力学	静力学（选） 牛顿第二定律(选) 牛顿第二定律（填） 万有引力（选） 平抛运动（实） 动量定理（选） 动量定理（计） 动能定理（填） 振动（选） 波动（选）	运动学（选） 动力学（计） 动量定理（选） 动量守恒（选） 动能定理（填） 机械能守恒（填） 机械能守恒（实） 动能动量综合（计） 振动（选） 波动（选）	静力学（选） 牛顿第二定律(选) 万有引力（填） 圆周运动（填） 动量定理（选） 动能动量综合(计) 波动（选） 卡尺（实）	静力学（选） 牛顿第二定律（填、实） 动量守恒（选） 动能动量综合（计） 万有引力、平抛综合（计） 波动（选） 卡尺（实） 动量、振动（摆球碰撞）（计）
电学	静电场（选） 电场力做功（填） 电路计算（选） 电路分析（选） 万用表读数（填） 洛仑兹力（选） 电磁感应（实） 切割磁力线（计） 交流电有效值(选) 电磁振荡（选）	电势差（选） 平行板电容（选） 等势线（实） 伏安法（实） 楞次定律（选） 切割磁力线（填） 感应电流图像(填) 电磁复合场（计） 振荡电压图像(选)	库仑力（填） 电场计算（计） 电场偏转（计） 电路分析（选） 万用表（选） 伏安法（实） 洛仑兹力（填） 变压器（选） 自感（选） 电磁振荡（选）	感应电场（选） 电势能（填） 电场加速（填） 电路分析（选） 电源电动势（实） 安培力（填） 电磁复合场（计） 感应电流图像（选） 变压器（填） 电磁振荡（实）
热学	分子运动论（选） 气缸问题（计）	分子运动论（选） 气缸问题（计）	分子运动论（选） 气缸问题（计）	分子运动论（选） 气缸问题（计）
光学	衍射（选） 光电效应（选） 折射（选） 平面镜（作图） 成像公式（计）	光子能量（选） 透镜成像（选） 折射定律（计）	双缝干涉（选） 全反射（选） 成像公式（计）	光电效应（选） 折射率（填） 成像公式（计）
原子及核	半衰期（选） 玻尔能级（填）	核方程（选） 玻尔能级（选）	α 粒子散射（选） 核方程（选）	衰变（选） 玻尔能级（填）

说明：选——选择题；填——填空题；实——实验题；计——计算题。

教育部每年都颁布《考试说明》，但其所界定的知识点没有太大的变化。牛顿第二定律（动力学）、功能关系（动能定理和机械能守恒定律）、动量定理和动量守恒定律、振动和波动、带电体在静电场中的动力学行为及能量特点、电路分析和计算、磁场（安培力和洛仑兹力）、电磁感应（楞次定律和法拉第电磁感应定律）、状态方程（气体实验定律）、折射定律和透镜成像规律、原子结构和原子核等内容是构成普通物理学的基本内容，自然是每年高考必考的。需要注意的是，每年都考的动量定理从1998年秋季学期起，在新调整的《教学大纲》中被删掉，并且1999的高考不对其有要求[①]。能力考试要通过一定的知识量来实现，掌握足够量的知识本身也是一种能力。因此，每年所考的知识点遍布《考试说明》规定的各单元，占总知识点的80％以上，体现了"通过考核知识及其运用达到鉴定考生能力高低的目的"。

三、试题的难度分析

表4是广西招生考试院公布的四年来物理科的平均分、标准差和难度值。

表4

年度	1995	1996	1997	1998
平均分	68.86	59.88	71.64	67.31
标准差	24.35	23.96	24.56	25.91
难度值	0.4591	0.3992	0.4776	0.4487

从表4可看到，1996年的难度值最低，试题难度最大，其他年度则接近，难度相当。而各年的标准差均保持约为24，作为高考试卷所需的分数离散度是得到保证的，试卷的选拔功能体现明显。我们注意到，1996年的难度值最低，标准差也最小，因此，难度太大的试卷并不利于区分度的提高。1998年的标准差最高，试卷具有更好的区分度，难度值也可以接受。

本来，1998年试题的难度与1997年相当，但由于前者在解题中的数学运

[①] 有关新调整教学大纲对1999年高考的影响，本人在《考试报》（1999年3月16日）上有专文论述。本文已被《中国基础教育网》（2001年6月29日）、百度文库等收录。

算过程比较复杂，降低了考生的解题速度，而且在数学运算上的赋分高，导致平均分下降。虽然"应用数学处理物理问题的能力"是《考试说明》中列举的五种能力中的一种，但繁杂的数学运算是否能体现物理的特点有待探讨。诚然，学生运算能力的提高确实需要长期训练。

四、试题功能的再认识

坚持把"有利于高校选拔新生"作为命题的首要原则，这是高考试题的意义。不具选拔功能，不能区分考生能力的高低，就没有必要进行"国家第一考"。因此，"在考查知识的同时，注重考查能力"成为命题的指导思想。不要期望某年的高考试题会大幅度降低难度。但是，高考指挥棒的客观存在是无法回避的。随着人们对素质教育认识的不断深入和中学物理教育界呼声的日趋强烈，出题者已越来越重视"有利于中学物理教学"这一原则。

实际上，近几年来高考物理试题难度稳定适中，符合中学教学实际，受到了物理教师的欢迎。注重基础，在基础上体现能力层次，在考核能力时又有不同的梯度要求，使试题对能力的考核更加细致，既满足"有利于高校选拔新生"也满足"有利于中学物理教学"。试题正引导考生从茫茫题海回归到对基础知识的学习上，对基本物理概念和基本物理规律的正确理解，对常见的物理状态、物理过程和物理情境的正确认识和分析。认识不到这一点，往往只会事倍功半。选拔性考试只需发挥"选拔"的功能即可，难度太大或太低都将失去其功能，特别是难度太大时，会严重地影响成千上万物理教师的教学积极性和上亿学生学习物理的信心，这不是出题者的本意。任何一份试卷，在一个省的几万名考生中有几个人得到满分（或近乎满分）是可以接受的，没有必要那么神秘。

高考试题的选拔功能已被社会所承认，而对中学教学的导向功能应得到足够的重视，这不仅表现在教学内容上，还应表现在中学教学水平的评价上。由于高考是最具社会公正性的考试，教育同行的自我评价往往是从学科的高考成绩进行的，因此，无须回避试题的评价功能。如何利用它积极地为教学服务，值得人们去研究。

物理规律中的线性和非线性关系（2002年）

物理量的关系都可划分为线性和非线性关系，多数可用直观的数学图像——直线或曲线表示。高中物理涉及的图像林林总总，但归纳起来只有两种：线性和非线性。虽然已有不少的文章论述物理图像的教学问题，但大多数就事论事，没有系统地从函数理论分析归纳图像的物理意义，无法帮助学生建立起清晰的与物理规律相对应的函数图像。

数学作为一种高度概括、高度抽象的语言，对物理规律的描述是提纲挈领的。因此，认识函数的规律特点，才能把握物理规律的本质，才能在形形色色的图像问题中找到解决问题的规律。

一、线性、非线性的数学理论

线性和非线性概念源于数学函数。研究物质量变化关系的函数包括线性函数和非线性函数两大类。

1. 线性函数及其特点

线性函数是数学函数的最简单形式，表示为$y=kx+b$。公式中，x为自变量，y为函数，k为与x、y无关的常数，b为x等于零时函数y的值，即起点值。当b为零时（起点值为零），即为正比例函数，图像如图1所示。

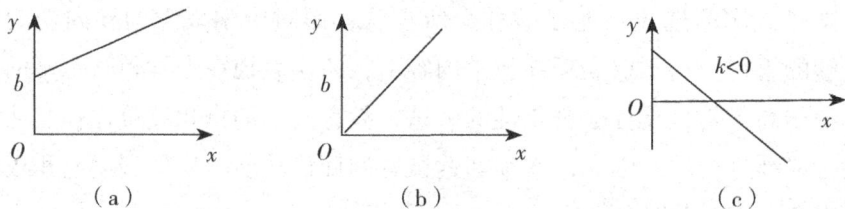

（a）　　　　　　　　（b）　　　　　　　　（c）

图1

线性函数特点分析：

（1）自变量x的变化是函数y变化的原因，而且变化具有确定的——对应关系。

（2）x的变化是连续的，y的变化也连续，不会发生突变。

（3）y随x均匀变化，即任意相等的Δx，对应的Δy也相等，即若$\Delta x_1 = \Delta x_2 = \Delta x_3 = \cdots\cdots$，则有$\Delta y_1 = \Delta y_2 = \Delta y_3 = \cdots\cdots$（$\Delta x$、$\Delta y > 0$，表示对应的$x$、$y$是增大的；$\Delta x$、$\Delta y < 0$，表示对应的$x$、$y$是减小的，下同。）

可见，$\dfrac{\Delta y}{\Delta x}$为常数$k$（称为直线的斜率，$k = \tan \alpha$），变化量之间表现为正比例函数关系：

$$\Delta y = k \Delta x$$

当存在多元一次函数$z = ax + by + c$时，对应的变化量关系为

$$\Delta z = a \Delta x + b \Delta y$$

其中，a、b、c为常数。

2. 非线性函数及其特点

非线性函数是指高次函数或其他函数，如三角函数、指数函数、对数函数等。最简单的非线性函数为$y = ax^2 + bx + c$。其图像表现为曲线，图2为常见的曲线。

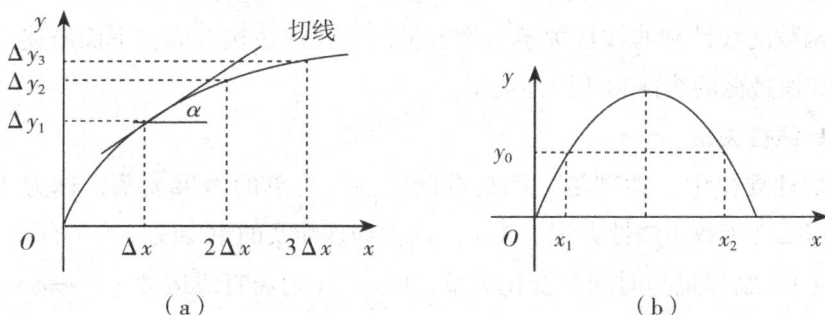

图2

非线性函数特点分析：

（1）自变量x与函数y的变化不存在确定的一一对应关系，因果不具有必然的联系。如图2（b）中，一个结果y_0有两个原因x_1、x_2与之对应，函数在某一区间按增函数变化，在另一区间却按减函数变化。

（2）当自变量x连续变化时，函数y的变化可能不连续，可能会发生突变（图像中的拐点）。

（3）当自变量x均匀变化时，函数y的变化不均匀，即取任意相等的Δx，对应的Δy不相等。如图2（a）中，若取$\Delta x_1=\Delta x_2=\Delta x_3$，而$\Delta y_1>\Delta y_2>\Delta y_3$。

（4）函数变化率特点。函数的变化率是指函数y对自变量x的变化快慢。图2（a）中，x均匀增大，即$\Delta x\to 2\Delta x\to 3\Delta x$，但对应的$y$的变化情况为$\Delta y_1>\Delta y_2>\Delta y_3$，即$y$的变化量$\Delta y$越来越小，函数的变化越来越缓慢。显然，图像越陡，函数的变化越快，变化率越大；图像越平稳，函数变化越慢，变化率越小。

图像上某点的变化率大小，数学上用过该点的切线的斜率来表示，即

$$k=\lim\left(\frac{\Delta y}{\Delta x}\right)=\tan\alpha 。$$

α为图像上某点切线与x轴的夹角。图像越陡，α越大，斜率k越大，对应的函数的变化越快；图像越平稳，α越小，斜率k越小，函数变化越慢，变化率越小。图像上不同点的函数变化快慢是不一样的。

二、物理规律中的线性与非线性关系

物理规律实质上是物理量的函数关系，它的发生和发展按函数关系进行。函数的线性和非线性关系与物理量的变化规律相对应。下面简述主要物理规律所遵循的线性和非线性关系。

1. 线性关系

物理规律中，物理量之间具有确定的、简单的因果关系，称为线性关系，用线性函数（线性方程）表示。高中物理涉及的主要线性关系有：

（1）物理量与时间的变化关系，即$s=vt$（匀速直线运动），$v=v_0+at$（匀变速直线运动），$W=Pt$（功率一定时，功与时间的关系，包括电功等），$\Delta(mv)=Ft$（合力一定时，动量变化量与时间的关系）等。

（2）物理量之间的变化关系，即$Ep=mgh$（重力势能），$U=RI$（欧姆定律），$U=Ed$（匀强电场），$F=ma$（质量m一定），$U=\varepsilon-rI$（电动势和内阻一定时，U与I的关系），$pt=p_0+\frac{p_0}{273}t$（查理定律，以及等压变化$p=cT/V$），$\Delta E_k=Fs$（动能定理，合力恒定时），$h\gamma=\frac{mv^2}{2}+h\gamma_0$（光电效应方程，最大初动能与

入射光频率的关系）等。图3为部分线性规律举例。

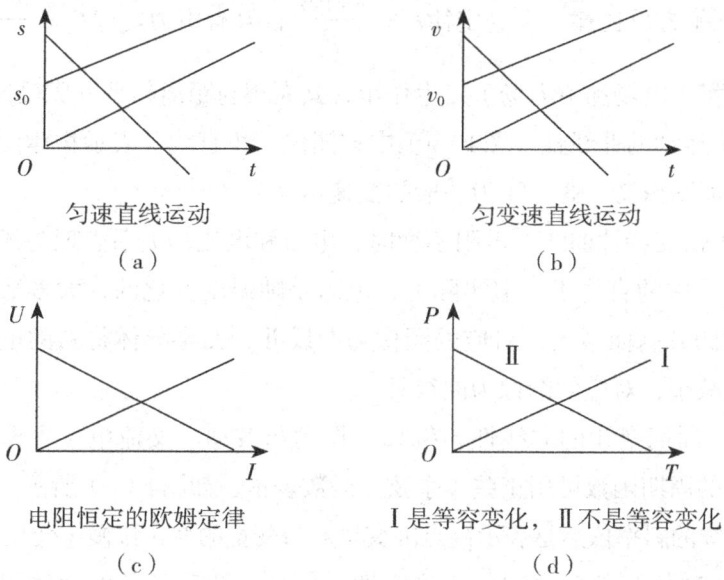

匀速直线运动
（a）

匀变速直线运动
（b）

电阻恒定的欧姆定律
（c）

Ⅰ是等容变化，Ⅱ不是等容变化
（d）

图3

上述物理规律均符合线性函数关系，物理量的变化遵循因果关系，遵循变化连续、均匀等特点。

2. 非线性关系

由于自然界物质运动的复杂性，更多的是原因与结果的关系难有确定性：一种原因可以引起多种结果，一种结果可能由多个原因诱发。表现在物理学上，物理量的关系不一定具有确定的因果关系，物理规律更多地表现为非线性关系，如图4所示。

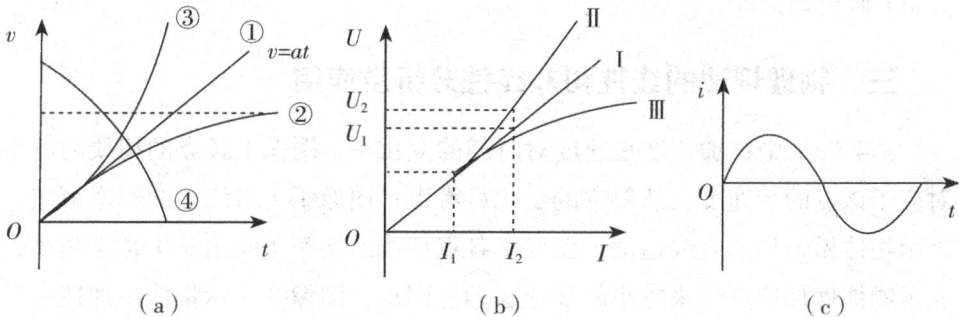

（a）

（b）

（c）

图4

高中物理涉及的非线性关系主要有：

（1）平方反比律。库仑定律 $F=\dfrac{kQ_1Q_2}{r^2}$，万有引力定律 $F=\dfrac{GMm}{r^2}$，这两种力通过场（电场和引力场）发生作用，其大小与距离的平方成反比。

（2）运动的非线性。图4（a）中，图像①（直线）表示物体做匀变速直线运动，而图像②、③、④为一般的变速运动。

（3）伏安特性曲线。电阻不变时，电压和电流的关系表现为线性关系，如图4（b）中的直线Ⅰ。但实际上，电阻是随温度变化的，大多数导体的电阻随温度的升高而增大，对应的图像为曲线Ⅱ；而半导体材料的电阻随温度的增大而减小，对应的图像为曲线Ⅲ。

（4）周期变化的非线性。例如，振动与波动、交流电（含振荡电流）等，简单的周期函数可用正弦（余弦）函数表示，如图4（c）所示。图像上任意一点切线的斜率依然是表示该点因变量对自变量的变化快慢（变化率）。

（5）整体与部分之间的不确定性。例如，微观粒子的运动规律遵循统计规则：粒子确定的运动（位置、速度、动量、能量等）是不可描述的，整体和部分的关系并不具有确定的一一对应关系，当温度升高时，气体的平均动能增大，但不能保证每个分子的动能都是增大的；电荷的定向移动形成电流，但不能保证每个正电荷的运动方向都与电流方向相同等。微观领域的整体和部分之间呈现出非线性关系。

（6）物理量突变。物理规律是在一定的条件下成立的，超越这些条件，物理量、物理规律就要发生突变，如超导体、物态相变问题、光电效应的极限频率问题等。此外，有些物理量是以不连续的形式存在的，如原子能级的分布、辐射理论等。

三、物理规律的线性和非线性分析及应用

图4（a）中，加速度是速度对时间的变化率，图像上各点的切线的斜率对应于该点的加速度。从斜率的变化可看出：图像①（直线）的斜率恒定，表示物体做匀加速直线运动；图像②各点切线的斜率（倾角 α）越来越小，表示物体做加速度越来越小的加速运动；同理，图像③表示物体做加速度越来越大的加速运动，图像④表示物体做加速度越来越大的减速运动。

图4（b）中，伏安函数关系为 $U=IR=I\cdot\tan\alpha$，$R=\tan\alpha$ 表示斜率。图像Ⅰ

的斜率恒定，即常见的欧姆定律；图像Ⅱ各点的斜率随I的增大而增大，表明电阻随电流增大，即电流增大时，电流做功变大，导体的温度升高，电阻率增大，电阻必然增大；图像Ⅲ的情况恰好相反。

图4（c）若表示线框在匀强磁场中转动产生交流电，则由非线性函数的特点可知，在图像的振幅点（最高和最低点）附近，磁通量变化缓慢，振幅点最小（变化率为零），此时，线框的空间位置与磁场垂直，磁通量最大。

下面两例是线性和非线性关系的典型应用。

例1：调整如图5所示电路的可变电阻R的值，使电压表V的示数增大ΔU，在这个过程中（　　　　）。

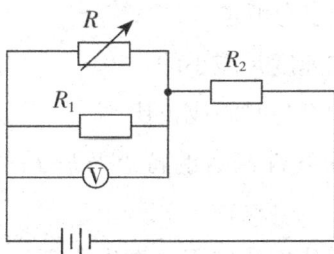

图5

A.通过R_1的电流增加，增加量一定等于$\dfrac{\Delta U}{R_1}$

B.R_2两端的电压减小，减小量一定等于ΔU

C.通过R_2的电流减小，但减小量一定小于$\dfrac{\Delta U}{R_2}$

D.路端电压增加，增加量一定等于ΔU

分析：由于电流I和电压U满足线性关系，有$\Delta I=\dfrac{\Delta U}{R_1}$，可判断A选项正确；因路端电压不恒定，$R_2$电压的减小量不等于$\Delta U$，B选项不正确；$U_1$增大，$U_2$减小，$U_r=Ir$减小（电流$I$减小），由$\varepsilon=U_1+U_2+U_r$，求出变化量关系为$\Delta U_2=\Delta U-\Delta U_r$，通过$R_2$的电流$I_2=\dfrac{\Delta U_2}{R_2}=\dfrac{\Delta U}{R_2}-\dfrac{\Delta U_r}{R_2}$，可见C选项正确；$\varepsilon=U_{路端}+U_r$，对应的变化量关系为$\Delta U_{路端}=\Delta U_r=\Delta U-\Delta U_2\neq\Delta U$，可判断D选项不正确。

例2：汽车在水平地面上起步，速度与时间的关系如图6所示。图像$0\sim t_1$

教与学的研究

为直线，$t_1 \sim t_2$ 为曲线，t_2 后为平行于时间轴的直线，$0 \sim t_2$ 为汽车的起步阶段，设汽车受到的阻力恒定，则（　　　）。

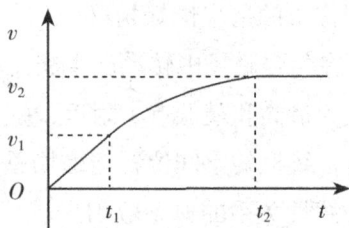

图6

A. 汽车起步的功率恒定

B. 起步阶段汽车的牵引力恒定

C. $t_1 \sim t_2$ 阶段汽车的加速度是减小的

D. $0 \sim t_1$ 阶段汽车的功率与时间成正比

分析：运用线性和非线性函数的特点及 $P=Fv$、动力学知识，可判断出 C、D 选项正确。

从上面对物理规律的分析和应用可看出，理解线性函数和非线性函数的特点是理解物理规律的钥匙。

物理概念和物理定理、定律本身仍属于陈述性知识，对规律的运用则属于程序性知识的范畴。程序性知识的学习遵循一定的认知步骤，有其内在逻辑性。学生通过对知识的运用、分析和综合，才能逐渐内化为高级规则。对物理规律中线性和非线性关系的理解与掌握，实际上是陈述性知识向程序性知识的迁移，是形成物理学习高级规则的重要形式。掌握了一定的规则，才能举一反三，触类旁通，这种学习规则就是我们常说的学习方法。

线性和非线性思维与物理学习（2002年）

　　建立在数学函数基础之上的线性和非线性思想正广泛运用于自然科学甚至人类思维活动的各方面。物理学发展史中，线性思想是构建经典物理学大厦的神经，而非线性思想则是现代物理学的灵魂。20世纪物理学革命的主要成就之一——量子力学是在抛弃了线性因果律后才发生、发展起来的，建立在非线性思想基础上的熵增原理、自组织理论等已经成为人们揭示复杂的自然现象的基本理论、基本思想和基本方法。这种对物理的发展产生巨大作用的科学思想和思维方法对物理学科的学习产生了什么样的影响呢？

一、物理学中的线性、非线性思想

　　线性和非线性概念源于数学函数。线性函数是所有函数中最简单的形式，表示为$y=kx+b$，函数变化规律是：函数y随自变量x均匀（直线）变化，并且y和x具有确定的一一对应关系。

　　非线性函数是指高次函数或其他函数关系，如三角函数、指数函数、对数函数等。最简单的非线性函数关系式是$y=ax^2+bx+c$，函数变化规律是：函数y随自变量x发生非均匀性的（曲线）变化，并且y和x不一定具有确定的一一对应关系。

　　物理学中，物理规律都可以概括为线性或非线性关系，其蕴含的科学思想主要表现为以下方面。

1. 物质运动的因果观

　　线性的因果观认为，原因和结果之间具有确定的因果对应关系，事物发生、发展的原因和结果成确定性的比例关系，物理规律以线性的形式表现；非线性的因果观认为，原因与结果的关系具有不确定性：一种原因可以引起多种结果，一种结果可能由多个原因诱发，因果逻辑联系不具备必然性。物理规律更多地表现为非线性关系。从整体的物质运动规律来看，非线性现象包含了若干个线性要素，物质运动的复杂性就体现为这种既能分解又必须整合的基本观念。

2. 物质的演化观

线性的物质演化观认为，物质的变化具有均匀性、连续性、渐变性特点；非线性的物质演化观则认为，物质的存在与变化不一定是均匀、连续的，原因的微小误差可以引起结果的很大偏差，这就是物质突变。物理学中充满了这样的矛盾普遍性和特殊性原理。

3. 物质结构的组成观

线性的物质结构组成观认为，整体由部分相加组成，整体的效果和各部分效果的累积是等效的；非线性的物质结构组成观认为，整体并不是由部分简单相加形成的，而是部分之和可以大于整体，也可能小于整体，如一个远离平衡态的非线性非平衡系统，通过与外界交换信息和能量，通过各部分子系统的非线性相互作用和重新组合，产生出具有一定组织和秩序的时空结构，这一新结构要优于原来的系统。

在自然界物质的运动中，非线性关系是一种普遍的关系，是物质运动的高级形态，而线性关系只有在理想条件下才会出现。非线性、不确定性、不稳定性构成复杂性，自然界、人类社会直至人的思维活动永远处在复杂的运动中。

二、物理学习中的若干线性与非线性思维分析

思维是人脑对于客观事物概括和间接的反映，是在观念上对认知对象所做的一系列逻辑活动，如推理、判断等，思维力是智力的核心。线性的简单性、因果确定性和理想性使得人们在思维活动中更愿意接受线性思想的指导，并容易形成线性的思维方法。

学习物理一般从物理现象、物理实验等对物质存在的状态及简单的运动变化状况的感性认识开始，感性认识通常以线性形式存在，对应陈述性知识。初中物理几乎都是对物理现象的陈述，而高中物理则偏向于程序性知识。物理教材（初中、高中、大学）一般都是从"力"和"运动"开始的，力的合成法则是一种典型的线性整体观，物体运动主要是匀速（匀变速）直线运动，位移或速度随时间呈线性变化。学生学习物理的开始，首先接受的是线性的物理知识，直接感受到线性思想、线性因果率的影响。

诚然，对于简单的物理学知识，线性思维仍然是学习的有效方法。但

是，对于更复杂的物理现象、物理过程和物理情境，线性思维更容易形成学习的思维障碍。学生在学习物理过程中遇到的思维障碍主要列举如下。

（一）物理知识结构中的线性与非线性思维

1. 与运动时空观相关的线性思维

物理量分为标量和矢量两大类。标量满足线性相加法则，而矢量与空间位置相关，其合成有与代数运算规则不相同的法则。学生在遇到有矢量的物理量时，其思维往往停留在线性状态，即按标量进行代数运算，没有形成矢量的空间观念。例如，加速度的正负与运动状态的关系、动量定理和动量守恒定律的方向性是学生学习力学的难点。对于复杂的物理过程，更不是线性的思维方式所能理解的。

2. 整体与部分关系中的思维问题

物理学按空间概念把宇宙分为宇观（天体）、宏观和微观（分子、原子）三种层次，它们之间有联系，但又遵循各自的运动规律。以微观层次为例，粒子的运动规律遵循统计规则，某一特定粒子的运动（包括速度、动量、能量）是不能确定的。微观与宏观之间有联系，大量微观粒子的运动行为与一定的宏观量对应，如布朗运动（宏观运动）与分子无规则运动相关，温度（宏观量）与分子热运动剧烈程度有关，电荷（微观）定向移动与电流强度（宏观）有关，等等。但这种关系并不具有确定的一一对应关系：当温度升高时，不能保证每个分子的动能都增大；布朗运动并不是液体分子的运动；不能保证每个正电荷的运动方向都与电流方向相同；等等。整体和部分之间的关系是非线性的，没有必然的因果关系。而线性思维则认为，部分与整体的变化方向完全相同，将导致对上述物理规律认识上的错误。因此，不能把宏观物体的运动规律推广到微观领域，思维方式要从线性转移到非线性。

3. 物质演化中的思维

在物质的演化过程中，线性的思维方式主要考虑物质变化的连续性、均匀性和渐进性。它在学习上表现为学生不考虑条件地运用物理规律。我们知道，任何物理规律都是在一定的条件下成立的。例如，牛顿运动定律、气体实验定律、欧姆定律等都有各自成立的条件，一旦超出这些条件范围，物质的形态发生突变，原来的规律就不再成立了。因此，具有突变意识才能正确地理解这些规律。再如，理解原子能级问题、辐射理论等都要有非线性思维的指导。

（二）物理实验中的线性思维

实验是物理学的基础，没有实验就没有物理学。高中物理实验主要是验证性的实验。受线性思维的定式干扰，学生在进行实验时严格地按教材编排的实验内容、方法和步骤进行，甚至连实验结果都要与预先的约定相同。学生机械地重复这些实验可能会加深对规律的认识，但不能提高实验能力，更不会有创新。

（三）学习方法中的线性思维

对于很多学生来说，物理概念、物理规律的复杂性使得物理成绩难有提高，于是，做题目成为提高成绩的最好方法，这是一种典型的线性思维形式。事实上，成绩的高低与做题目的多少并不是线性相关的，追求数量，不求甚解，并不能学到物理知识。

在形成的认知策略上，一种学习方法对部分学生有效，对另外的学生可能是无效的，机械地照搬学习方法是受线性思维的影响。对物理知识的积累、对物理学思想和物理学方法的理解、对物理学内在逻辑的认知与兴趣，加上教师的点拨，触类旁通，才能提高成绩。

线性和非线性思维在不同的物理学习阶段起着不同的作用。追求简单，追求因果必然性、追求完美、追求理想化是线性思维的突出表现，它在实际思维活动中仍然具有重要的价值，是各种复杂思维活动的基础。但是，现实世界的复杂性要求思维活动不能只停留在线性阶段，要善于使思维从线性迁移到非线性，这不仅是思维活动的深化，也是认知活动从简单到复杂的深化。

三、线性思维向非线性思维迁移的心理学机制

知识的习得本质上是学习的迁移。学习迁移是指一种学习对另一种学习的影响，包括积极影响和消极影响两方面（对应正迁移和负迁移）。认知结构的发生是原有知识与新知识的相互作用过程，体现着学习的迁移。就思维而言，一种思维方式对另一种思维方式同样存在影响，思维方式的迁移比知识的迁移更具复杂性。

实现思维活动从线性迁移到非线性是思维活动的深化。教师在教学活动中，要创造多种有利的条件、情境，引导学生的思维活动从低级到高级发展。根据学习的迁移理论，教师在教学中要注意下面几个问题：

（1）两种材料的相同或相似是迁移发生的基本条件，由于思维定式的干扰，学生在学习中会不自觉地对不同的材料运用同一思维方式。教师在教学实际中，要充分利用积极的思维定式的作用，克服消极的思维定式，使线性思维有效地迁移到非线性思维。

（2）在心理发展上，随着学生年龄的增加，思维能力从简单到复杂不断增强，高中生具有进行复杂思维的能力，这是线性思维向非线性思维迁移的心理条件。因此，教师要深入了解学生原有的认知水平，引导学生加深对所学内容的认知水平，弄清物理规律的适用范围、使用条件，促进思维由线性向非线性迁移。

（3）认知心理学认为，知识的应用和知识的迁移属于同一性质的问题，通过知识的应用而实现知识的迁移。教师通过创设线性的和非线性的问题情境，引导学生对两种问题按不同的思维方式进行分析、归纳和综合，既能解决知识问题又可弄清解决问题的思维模式，并形成相应的认知策略。

（4）物理学的伟大成就对人类的文明和进步产生了巨大的作用，不仅其知识体系深刻地影响其他科学、技术学科的发展，其科学思想、科学方法和科学精神也深刻地影响着人类的思维方式，成为人类文化的重要组成部分。求真求实、追求理性是科学精神的内核。教师在教学中要培养学生的怀疑意识、批判意识和理性意识，让学生形成多思、慎思的思维习惯。少一点唯一性、简单性，多一点多样性、复杂性是促进思维活动非线性化的重要条件。

（5）在教学手段上，传统教学是一种文本形式的线性教学模式，而以计算机为核心的现代教育技术手段为非线性的课堂模式提供可能。超文本、多媒体、网络技术等现代媒体的综合运用，形成了多元化的信息获取渠道，教学方式的非线性化，将促进学生非线性思维的形成。

不同学科的区别不仅在学科知识结构上，还表现在学科思想、学科方法以及思维习惯、思维方法上。物理学作为一门从事实、现象和实验中归纳、总结形成的自然科学学科，其科学思想、科学方法和思维方法是理解、认识这门学科的钥匙。线性和非线性思维是学生在物理认知过程中的两种思维方式，对知识的习得有重要的影响，应引起物理教育工作者的关注。

参考文献：

［1］朱铉雄.物理教育展望［M］.上海：华东师范大学出版社，2002.

教与学的研究

［2］袁振国.当代教育学［M］.北京：科学教育出版社，1999.

［3］施良方.教学理论：课堂教学的原理、策略与研究［M］.上海：华东

师范大学出版社，1999.

［4］张大均.教育心理学［M］.北京：人民教育出版社，1999.

我的分级教学研究

介绍作者对基础薄弱学生的教学研究，成果获得广州市教学成果奖。

分级教学的基础研究

·高中学生薄弱科目的成因及转变对策·

寸有所长尺有所短，高中学生在九个科目的学习中出现一两科薄弱科目属正常现象。如果把某届学生按照入学成绩从高到低划分六组，前三组学生属于我们常说的优生，不存在真正意义上的弱科；而后三组学生不只是分数低，他们的学习意志和自律都低于前三组，特别在学习上的薄弱科目更是不可想象的：学科知识积累近乎为零，学习无从下手，欲罢而不能，在痛苦和失望中度过高中三年。往往，临近高考了，学校才大规模采取临界生辅导措施，尽管有收获，但因为纠偏的时间短，效果有限。

我认为，转变低分数段学生的薄弱科目是教育的难题，提前介入、严密组织、对症下药是转变薄弱科目的良方。

一、薄弱科目的成因分析

我曾做过长期观察，英语、语文薄弱的学生平时无法进行朗读，早读时不敢读出声音，没有带读甚至读不了英语单词，语文的词、句子或一段文章读起来结结巴巴。此类学生的语言知识积累极度贫乏，对语言学习表现出强烈的不自信，他们自然写不出像样的句子或文章。

数学薄弱的学生记不住一些基本的常数或诸如正弦、余弦等基本概念，不敢动手画线或列式子、演算，甚至是最简单的方程，久而久之则运算能力差，解题经验贫乏，对概念、规则和规律的认知能力低。当学生在初中阶段就表现出数学薄弱时，还将影响到高中的理科学习。

学科基本知识积累越少，同化新知识的起点就越低，新知识就越无法在原有知识中找到同化、编码的位置，新知识建立不起来，学科成绩就更差，形成恶性循环。知识积累是学习的基础性工作，基础知识贫乏将导致薄弱学科产生，胸无成竹自然画不出竹子。

二、转变薄弱科目的关键因素分析

既然知识积累贫乏是形成薄弱科目的主要原因，那么转化工作的关键就应包括两方面：一是学科基础知识的积累，二是学科基本方法的教育。两者合起来我称为"学科基本素质"。

什么是学科基本素质？如果对某学科成绩最低的100名学生进行研究，将会发现他们在学习上最缺乏的就是学科的基本素质。学科基本素质可理解为学生应掌握的该学科最基础的知识以及最基本的学习方法。学科最基础的知识表现为学科的典型图形、符号、基本常数、学科常识、基本词汇、基本句子、基本概念、典型事件、常见公式、基本结论、基本规律的简单应用等。学科的基本学习方法和学习习惯因学科而异，如物理学习中的画图习惯，语言学习中的背诵、默写、表达（书面、口头）习惯，课堂听课习惯、复习习惯、作业习惯等。在一定意义上，学科基本素质不是学科的深度、广度知识，而是学科的文化成分，它可以通过训练和积累习得。只要教师方法得当，引导学生进行系统的基本知识积累，进行基本的方法训练和习惯养成教育，学生就学有方法、学有收获、学有兴趣、学有信心，知识积累越来越多，学科基本素质逐渐提高，同化新知识的能力越来越高，学科的落后面貌就会从根本上得到改变。

三、转变薄弱科目的教学对策

转变学生的薄弱科目是一个系统的、长期的工程，对于高中学生而言，需要进行一至三年的学科基本素质发展规划，分解任务，分步落实，逐步推进，最终转变薄弱科目。

学科基本素质教育更多的时候采取输灌方式，进行机械式学习，强制学生接受。教师要改变这种教学方式①教师必须厘清什么是本学科的基本素质，基础的东西才积累，艰涩的东西一般不进行积累；②对于基础薄弱的学生，"教最基础的，练最基础的，记最基本的，形成最基本的方法和习惯"应该成为教学自觉，坚持积累，厚积才能薄发，才会发生质变；③对基础知识的记忆和掌握要有量的规定，如英语科需要记忆的基本词汇和基本句子数量，语文科要规定记忆的词语量、背诵篇目的数量，数学科要规定学生记忆的基本概念、基本公式、基本运算法则和部分结论等；④要有一定的强制执行成分，如早读时要求学生大声朗读，读出韵味，读出自信，上课前准备好用具（三角板、草稿、笔记本、书本等），书面作业要认真规范，等等。通过这些基本的教育活动，积累学科基础，形成基本习惯。

转变薄弱科目是教师的职业责任之一，教师不仅要在教学上循循善诱，还应开发适合学生知识和能力水平的校本教材，降低学习难度，帮助更多的学生入门。

四、转变薄弱科目的管理对策

班级是学生学校生活的基本单位，学生的品德发展和成绩提高是班主任的两大任务，转变薄弱科目则是班主任最具挑战性的工作。①班主任要有信心，面对一个在某学科学习上有缺陷的学生，通过系统的纠正工作，是可以往好的方面转变的；②在班级组织上，可使同类薄弱科目的学生组成若干学习小组，每小组指派成绩好的学生任学科组长，互帮互学集体提高；③对于班级出现普遍的弱科，可协助科任教师开展一些学习活动，如背书比赛、公式默写比赛、漂亮作业比赛等，活动不宜设难度，要使全体学生均有能力参与；④开展信心教育，引导学生分解任务、分解目标，以一步步实现目标来强化学科学习信心；⑤开展习惯养成教育，包括学习习惯和生活习惯，从生活习惯教育做起，培养学生细致、认真、耐心、顽强等品质，进而培养学生良好的学习习惯。

改变传统的班级结构，把具有相同薄弱科目的学生编在同一行政班级，以点带面，稳步推进转化工作。目前，我校在高三、高二年级中选择英语、数学薄弱的学生组建了两个实验班级，在教师配备、年级管理、班级管理、学科教学和教育评价等方面开展实验探究。实验工作已进行了近两年，预设目标与实际效果高度吻合，我们正考虑从高一年级开始，对语文、数学、英语基础薄弱的学生提早进行学习干预。

五、结束语

大面积转变学生的薄弱科目是回归因材施教原则，实现人本教育及和谐教育的重要内容，也是低分生源学校大面积提高升学率的关键。转化薄弱科目的关键在于提高学生的学科基本素质，它是学科教学的基本目标和核心，也是学生进行学科学习的基点和信心。学科基本素质教学并不难，但素质的形成是缓慢的、累积性的，教学的关键在于过细安排并且长期坚持不懈。当更多学生的学科素质得到提高时，学科的教育目的才能实现，才有更多的学生能感受到学习的成功。

·高中物理课程分级评价浅探·

《普通高中物理课程标准》提出，物理课程的具体目标包括知识与技能、过程与方法、情感态度与价值观三个维度的规定，每一维度又有"了解""认识""理解""应用"等认知水平依次递增的行为动词来要求。但是，课程标准并没有对这些行为动词的"度"做更详细的规定，"了解""认识""理解"和"应用"到什么程度才能体现"进一步提高科学素养，满足全体学生的终身发展需要"这一课程宗旨，涉及具体课程目标的制定和评价问题。

本文以实现课程总目标为指导原则，探究"理解"和"应用"层次的分级评价，探讨高中物理的评价问题，提出分级教学、分级评价的主张。

一、分级评价的内容

《普通高中物理课程标准》对课程评价有如下描述：物理课程的评价应从知识与技能、过程与方法、情感态度与价值观三方面进行；评价中，应该关注学生对概念、原理、规律的理解和应用；应重视评价学生的科学探究能力、实验能力、分析和解决问题的能力，以及在科学探究与学习过程中，应用物理学研究方法、数学工具的能力；测验和考试命题应该注重理解和应用，要研究并设计有利于学生思维发展、联系生活和社会的开放性试题；不宜过多考查记忆性内容，不应该在枝节问题上纠缠，故意设置误区，使学生对学习物理产生畏惧心理。

以上描述只是强调做法，而对达到的程度、水平没有明确规定，也没有提出评价标准。下面我结合"理解"和"应用"的层次提出三级评价指标。

1. 一级评价指标

基本把握内在逻辑联系；与已有知识建立初步联系；能够进行初步的解释、推断、区分、扩展；能够在新的情境中初步使用抽象的概念、原则；能初步建立不同情境下的合理联系；等等。达到这些认知水平的终结性评价可定为合格等级，它标志着学生的基本物理素养（科学素养）达到课程总目标的要求。

2. 二级评价指标

学生在学习必修模块的过程中，多数还不能正确地把握自己的发展方向：是适合向人文学科发展还是向自然科学学科发展。因此，教学中还应该提供学生发展的内容，教学目标相应有所提高，对它的评价就是二级评价。

3. 三级评价指标

三级评价是最高等级的评价，重点是对学科内在逻辑的理解和对规律的高级应用的评价。通过这级评价的学生，具有很强的物理学习能力，教师应该在教学中为他们指出深入学习物理的方向，使他们在学习中感悟学科逻辑的内在美，并提高解决复杂问题的能力，为以后的专业选择打好基础。

简而言之，一级评价是基础性评价，二级评价是发展性评价，三级评价是提高性评价（专业性）。

二、分级评价的范例

评价的直接方法是对学生问题解决能力的评价。根据三级评价指标，下面举例（以必修课内容为主）说明各级指标对应的问题难度。

1. 一级评价

下列例题是对力学规律的初步应用，学生对问题的解决能力可作为一级评价的依据。

例1：一辆卡车，急刹车时的加速度大小是5.0m/s^2。如果要求它在急刹车后22.5m内停下来，它行驶的速度不能超过_____m/s。从急刹车到车停止的时间为_____s。

本题要求学生由题设的情境选择匀变速直线运动的位移公式和速度公式。

例2：用细绳拉着物体竖直向上做匀加速运动，当拉力$F=140N$时，物体向上的加速度是$4m/s^2$，求：①物体的质量多大？②物体从静止开始在前2s的位移是多大？

本题要求学生会运用牛顿第二定律列出相应的方程，并运用匀变速直线运动规律（位移）求出位移。

例3：有一口干枯已废弃的深水井，利用自己可以找到的条件，提出测量其深度的办法。

学生可利用自由落体运动的知识来设计。

学生能正确解决类似上述问题，则达到一级评价对应的知识和能力目标，并应视为学生具备了基本的物理素养。

2. 二级评价

下列例题表现出对物理规律"理解""应用"程度的上升，它比一级评价的要求高一级。

例4：一斜面长4.5m，斜面与水平面的夹角为37°。一个质量为2kg的物体自斜面顶端从静止开始沿斜面下滑，滑到斜面底端时速度为6m/s。则物体受到的滑动摩擦力为$f=$_____N，物体与斜面间的动摩擦因数$\mu=$_____。

本题是一道动力学问题，要求学生既要运用运动学规律，又要正确地分析物体在斜面上的受力情况，运用牛顿第二定律列出方程。它是动力学的综合题，虽然难度不是很大，但与一级评价要求相比，"理解"和"运用"的水平更高一些。

例5：如图1所示，半径$R=0.40m$的光滑半圆环轨道处于竖直平面内，半圆环与粗糙的水平地面相切于圆环的端点A。一质量$m=0.10kg$的小球，以初速度$v_0=7.0m/s$在水平地面上向左做加速度$a=3.0m/s^2$的匀减速直线运动，运动4.0m后，冲上竖直半圆环，最后小球落在C点。求A、C间的距离（取重力加速度$g=10m/s^2$）。

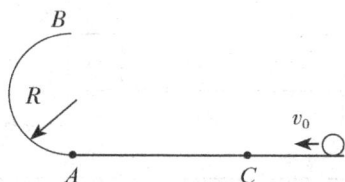

图1

本题集动力学、机械能守恒、平抛运动三种力学规律于一体，知识综合性较大，但物理过程相对简单。

对上述问题的正确求解，表明学生具有较好的物理素养，具有进一步学习物理的潜力，对学生具备这种能力的评价并肯定，将激励学生深入学习物理。

3. 三级评价

本级评价作为最高等级的评价，重点评价学生对学科内在逻辑的掌握程度：学生对物理规律的逻辑性认知，对复杂、抽象物理过程、物理情境的理解程度以及对数学的应用能力。

例6：如图2所示，传送带上表面水平运动，可以把质量m=20kg的行李包沿水平方向送上平板小车的左端。小车的质量M=50kg，原来静止停在光滑的水平面上，行李包与小车平板间的动摩擦因数是0.4，小车足够长。如果传送带将行李包以v_1=2.8m／s的速度送上小车，问：在这种情况下，行李包在小车上相对于平板车滑行的时间是多少？（答案：0.5s）

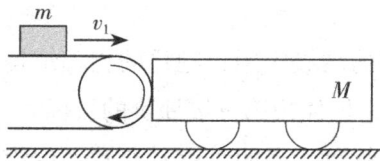

图2

本题的物理过程和物理情境较复杂，包括连接体问题、相对运动问题、行李包和小车最终运动状态的确定等。

例7：如图3所示，质量为M=8kg的小车放在光滑水平面上，在小车右端加一水平恒力F=8N，当小车向右的速度达到1.5m/s时，在小车的前端轻轻放上一个大小不计、质量m=2kg的物体，物块与小车间的动摩擦因数μ=0.2，小车足够长，求物块从放上小车开始经过t=1.5s通过的位移大小（g=10m/s^2）。（答案：2.1m）

我的分级教学研究

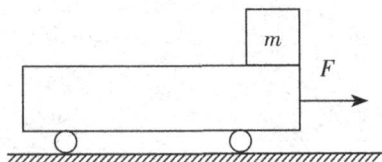

图3

本题物理过程更复杂，难度提高：要对1.5秒内物体的运动情况做出正确的判断后，才能运用相应的规律来处理。

例8：如图4所示，斜面倾角为 θ ，滑块质量为 m ，滑块与斜面的动摩擦因数为 μ ，从距挡板为 s_0 的位置以 v_0 的速度沿斜面向上滑行。设重力沿斜面的分力大于滑动摩擦力，且每次与 P 碰撞前后的速度大小保持不变，斜面足够长。求滑块从开始运动到最后停止滑行的总路程 s 。答案： $\dfrac{s_0\tan\theta}{\mu}+\dfrac{v_0^2}{2\mu g\cos\theta}$

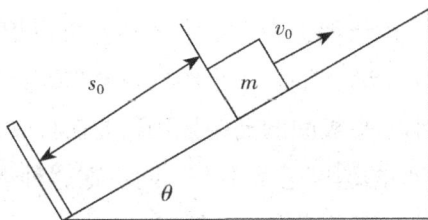

图4

本题是对动能定理的高级应用，题目的物理情境、物理过程复杂，涉及的数学问题也比较复杂，能体现第三级评价的目标。

对上述三个问题的解决，表明学生具有较强的综合应用能力，表现出学生具有较高的物理素养。

三、分级评价的意义及运用

不同层级学校的生源基础不同，对应的课程目标也有所不同，故评价的指标也应相异，没有必要要求全体学生达到第三级评价指标。因此，分级评价是促进不同层次学校提高教学水平，不同目的学生提高物理素养和学科专业水平的重要手段。

课程标准是国家愿望和意志的体现，它所确立的必修和选修模式本身就具有分级教学、分级评价的思想。在分级评价思想指导下，我认为当前的物理教学应该关注如下问题：

依照高中物理课程宗旨，教学的首要任务是实现第一级评价指标对应的教学目标，使全体学生过关。由于学校和学生的差异，还要给部分学生提供进一步发展的空间。

对学生而言，只要达到了第一级评价指标，就可以认定自己具备了合格的物理素养，虽然可能与第二、三级指标还有一定距离，但不应该为此感到愧疚，因为素养并不是指专业知识的高深。对于达到第二级评价指标的学生，表明自己具有较大的学习物理潜力，可以在学科上进一步发展，也可以根据自己的兴趣和特长选择在其他学科上深入发展。对于达到第三级评价指标的学生，深入学习物理的潜质明显，可在教师的指导下进行更深入、更具挑战性的学习。

教育行政部门组织的以认定学生学业水平为目的的考试（终结性评价），应以第一级评价指标为主，不要超过第二级评价指标，没必要进行第三级指标评价。

四、结束语

新课程理念强调评价的多样性，倡导建立过程评价和终结性评价相结合的体系，但在一些核心问题上应有相对稳定的和明确的评价标准，这样才能引导高中物理教学有序健康的发展。超越实际的要求会打击多数学生学习物理的积极性，拔苗助长的方法无助课程目标的实现。物理学的丰富内涵应该成为全体高中生的精神财富而不是沉重的课业负担，这是本文立意的出发点。

·高中物理分级教学浅探·

《普通高中物理课程标准》实施近十年来，物理教学正悄悄发生变化：一方面是课程自身（如课程结构、课程目标、课程评价等）的变化带来教学内容和教学观念的变化；另一方面是教学方法的变化，如合作式学习、探究式教学、分层教学等模式的广泛应用使物理教学出现生机。

当然，以考试分数为目的的教学仍然存在，大难度、大题量的教学使普通学生望而止步，优秀学生则陷入重重题海，旺盛的创造力被数不清的难题耗尽。我认为，造成这种现象的主要原因是没有对教学内容重新分级分类，导致知识地位不清、教学目标不明、教学内容不加选择。实施分级教学有望使师生从题海中跳出来，使物理教学更具活力和创造力。

一、关于分级教学

当前我国高中教育普遍存在的学校分层（重点中学、示范性高中、普通高中）、班级分层（国际班、重点班、实验班、普通班等）现象，就是我们熟知的分层教学，它是基于教学对象（学生）的起点知识、能力差异等原因而采取的教学方法。

众所周知，影视剧目有等级划分，基于剧目内容对不同群体有不同的适宜性。对教学而言，知识地位不同，教学目标就不同，对学生的要求也就不相同。因此，有必要对教学内容进行分级，厘清知识的层级和逻辑关系，科学制定教学计划，详略得当地安排教学活动，才能更有效地促进各层次的学生提高学业成绩，这就是我提出分级教学的初衷，它是基于教学内容的地位（层级）和教学目标的层次而采取的教学方法。

其实，教学本身包括对象和内容两方面，因材施教的"材"，也是指这两方面。因此，在教学过程中，不仅要关注对象的层次，而且还需要对内容的地位、难度和逻辑结构进行分析，合理组织才能更好地施教。例如，选修3-5的《碰撞与动量守恒》，课程标准对其教学目标的要求为"理解"和"应用"层级，在《考试大纲》中规定为Ⅱ级内容，如果在教学中因难度大而对中等层次的学生放弃或过度降低要求，将造成学生受教育内容的不平等。又如，选修3-3的《固体、液体和气体的性质》，课程标准的要求为"知道"等级，在《考试大纲》中规定为Ⅰ级，对所有层次的学生都应该坚持这一标准，即使在重点中学也不该从难实施教学，否则就是过度教学。

因此，对教学内容进行分级，建立与级别相适应的教学与评价体系，然后根据教学对象的现实水平实施分层教学，具有重要的现实意义，这就是分级教学。

二、分级教学现状

其实，对教学内容分级是一直存在的，现行《普通高中课程标准》就是按照分级的思想来制定的。例如，共同必修课体现学科的基础性，而选修1至选修3则是依据课程目标和教学内容的地位来确立的，选修1突出物理学的人文价值，选修2侧重从技术应用的角度展示物理学，选修3则较全面、综合地展示物理学的基本内容。这种必修与选修相结合，模块化、系列化、层次递进的结构，既体现了以生为本的课程选择性，也清晰地确定了高中物理的层级结构。

教育部考试中心每年公布的《考试大纲》是对分级教学思想的具体运用，它从课程标准和选拔考试的需要两个角度，提出了两种层次的分级：内容分级和难度分级，即将考试内容按地位从低到高分为两级，用Ⅰ、Ⅱ标识，Ⅰ级对应课程标准"知道""了解"和"认识"层次，Ⅱ级对应课程标准"理解"和"应用"层次；而试题难度定为"易""中等""较难"三个等级，《考试大纲》还列举了每个等级难度对应的范例。

内容等级与难度等级显然不同，同一等级内容的难度可大可小。有经验的高三教师在实施教学时，都会反复研究《考试大纲》，弄清内容等级，把握好难度等级，使教学内容精准、难度合适、针对性强；相反，如果教师对课程标准、考试大纲和内容难度把握不到位，在教学选材上眉毛胡子一把抓，客观上就会拖累、拖垮学生。

三、分级教学的实施

由于必修1、必修2和选修3（选修3–1至选修3–5）较全面、综合地展示了物理学的基本内容，体现了学科的发展性，是高考理科必考的科目，因此，分级教学应以此系列作为对象。

1. 对教学内容进行分级

以知识分类和目标导向教学理论为指导，参考课程标准和《考试大纲》的规定和分类，将教学内容分为两个等级：一级内容对应课程标准中"知道""了解"和"认识"的知识，如"交变电流""热学"和"波动"内容等，主要分布在选修3–3至选修3–5中；二级内容对应课标中"理解"和"应用"的知识，是重要物理概念和物理规律及其应用，以程序性知识为主，分布在必修1、必修2和选修3–1、选修3–2中。

2. 对教学内容的难度进行分级

参照《考试大纲》中"易""中等""难"等级的规定，将难度分为三级：一级为"易"，与"知道""了解"层次相当，反映学生对学科基础的掌握和基本素质的具备；二级、三级分别对应"中等"和"难"等级，它们与"理解""应用"层次相当，体现学科的发展性，是学生选择科学技术方向必备的知识和能力；三级难度的等级最高，为深入学习物理学所需的能力，多数学生不一定涉及。

3. 建立与内容等级相适应的课堂教学

一级内容按一级难度实施教学，不宜拔高，而二级内容的教学难度至少要达到二级。当学生对概念、规则的学习有困难时，先实施一级难度教学，然后过渡到二级，循序渐进地实现教学目标。如果学生层次较高，则可以着重实施二、三级难度的教学，给学生插上腾飞的翅膀。

教师在实际操作过程中，应采用中医加减处方的方法，从浩瀚的题海中筛选素材，编写个性化、针对性强的学案，犹如生动的学习剧本，引导学生一步步深入物理学的殿堂中。

4. 建立与分级教学相适应的评价机制

关于分级教学评价，我有专文论述，认为既不要滥用高等级评价，也不应迁就学生随意降低评价标准，而是要根据内容的地位和教学目标决定教学方式和评价的等级，从而实现教与学的和谐发展。

四、结束语

普通高中物理课程是基础教育课程，既要体现课程的基础性，满足全体高中学生的学习需求，还要考虑全体学生的共同发展，为学生学习兴趣、潜能的发展和今后的职业方向提供选择的空间。《国家中长期教育改革和发展规划纲要（2010—2020年）》也指出，"要尊重教育规律和学生身心发展规律，为每个学生提供适合的教育"。因此，高中教育走精细化、集约化的道路是大势所趋，要为学生提供适度、发展、个性化教育内容，而不是用无尽的题海埋没学生的创造力。

对于学生而言，要学最有用的知识，而不是盲目爬高或妄自菲薄。对于二级内容，它是高中物理的核心知识，有一定的学习难度，只要有兴趣、有信心，一定可以学到二级难度，甚至向三级难度发展。

教学从分层到分级是教法的深化，是教学精细化的必然要求，当教学有序、理性、精细时，才会有更多的学生享受到学习物理的无穷乐趣，才能最大限度地实现课程目标。

参考文献：

［1］教育部考试中心.2013年普通高等学校招生全国统一考试大纲［M］.
北京：高等教育出版社，2013.

［2］廖伯琴，张大昌.普通高中物理课程标准（实验）解读［M］.武汉：
湖北教育出版社，2004.

［3］潘仕恒.高中物理课程分级评价浅探［J］.中学物理教学参考，
2012（1）：7-9.

［4］皮连生.学与教的心理学［M］.上海：华东师范大学出版社，
2003.

我的分级教学研究

分级教学的策略研究

·平缓铺造高中物理的初始台阶·

——《运动的描述》的教学建议

一、认识第一单元的知识体系

《运动的描述》作为第一个单元，《普通高中物理课程标准》赋予它承前启后的作用，教材中主要是概念教学，内容包括描述运动的概念和运动图像。概念教学重在理解，规则教学重在应用，从概念到规则，从理解到应用，学习层次逐步提升。教材安排了两个分组实验，第一个是测定运动小车的平均速度，第二个是探究运动规律，实验层次显然提高了。不论是课程标准还是教材，都遵循从简单到复杂的原则，构造一个平缓、坚实、给学生机会的知识台阶。

二、稳妥铺垫首级台阶

描述运动的概念是运动知识体系的基础，也是初始台阶的首级。概念学习是一个认识逐渐深化的过程，不能一蹴而就，因此，概念教学要把握关键，有取有舍，举一反三，使理解一步步深入。

1. 关于参考系和质点

参考系和质点为"了解"层次，只要求学生能在一些情形中区别和运用。参考系教学不必引入相对运动的问题，质点的抽象程度较高，但学生在正、反例中区分实际物体可否简化为质点并不困难。当概念的级别不高时，就不必扩展，避免把简单问题复杂化。

2. 关于位移

位移是学生全新学习的第一个物理量，前概念"路程"对学习有干扰作用。理解位移的物理意义是教学难点，可采取"先定性后定量"的方法，先定性画出位移，直观认识位置变化的大小和方向，比较与路程的不同，然后定量求解位移和路程，进一步从"量"上区别它们。

例1：如图1所示，一物体在水平地面上按轨道ABC运动。其中，AB段为直线，BC段为半圆。求整个运动过程的位移和路程（位移要在图上标出）。

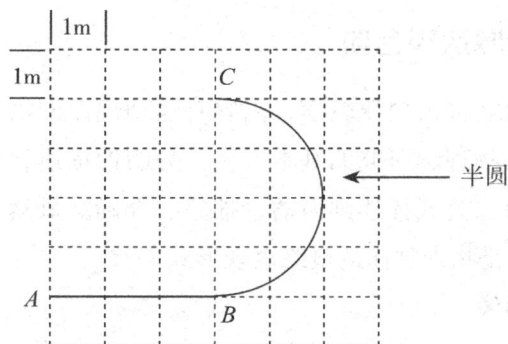

图1

3.关于速度和加速度

速度是初中概念，但本单元给出了严格的速度定义：先定义平均速度，再由平均速度过渡到瞬时速度，同时指出速度的矢量性。平均速度是新概念，学生往往用路程替代位移而造成错误。对于瞬时速度，从汽车时速表引出的方法易于接受，而用极限方法去理解则有难度。只要学生能在不同情形中区别平均速度和瞬时速度，就不必在此纠缠。

例2：汽车从制动（同时也关闭油门）到停止共用了5s。在这段时间内，汽车每1s前进的距离分别为9m、7m、5m、3m、1m。

（1）求汽车前1s、前2s、前3s、前4s和全程的平均速度。这5个平均速度中哪一个最接近汽车关闭油门时的瞬时速度？它比这个瞬时速度略大些还是略小些？

（2）汽车运动的最后1s的平均速度是多少？汽车的末速度是多少？

加速度是学生全新学习的第二个物理量，无类似概念类比，故对其物理意义和矢量性的理解是难点。由于加速度与速度、速度变化量、速度变化快慢等概念有关联，故对其的理解就变成对一组概念的理解，可通过实例，采取列表对比的方法实现教学突破。对于矢量性，宜只介绍直线运动的情形：加速度方向与速度方向要么相同（加速时）要么相反（减速时），可用正负表示。

我的分级教学研究

下面的例题从定量的角度来理解加速度，要注重分析加速度的方向特点及符号表示。

例3：一辆汽车从静止开始加速到108km/h所用的时间是10s。接着以108km/h的速度匀速行驶，因发现紧急情况而急刹车，5s即停下。求上述两种情况的加速度大小，并说明其方向。

三、扎实铺厚次级台阶

跨过首级台阶后进入规律教学，内容有运动规律的描述和应用两方面。用数学描述规律是物理学研究的基本方法，分图像描述和公式描述两种。图像描述直观、形象，公式描述则简洁、抽象、准确。显然，公式描述比图像描述更具抽象性，是物理规律的最终表现形式。

1. 关于运动图像

人教版通过测量速度实验的描点法引入速度图像，粤教版则通过匀速直线运动纸带的数据描点绘制$s-t$图像，两个版本的引入方法相似，都要求学生动手描点绘制，目的在于使学生正确构建图像并理解其物理意义。从图像寻找信息、查找规律、求解物理量是常见的图像问题。

2. 关于运动规律

用一组公式描述运动规律是本单元的最大亮点，而应用这些规律解决运动问题则是教学的重点和难点。因有图像等知识为基础，公式的建立并不困难：教材先介绍速度规律，接着是位移规律，最后是几个推论。

速度规律的应用较为容易，但要注意匀减速直线运动的加速度表示。位移规律比较复杂，公式中包含四个物理量，即位移s、速度v、加速度a和时间t，并且是非线性关系。要多方创设情境，或求位移、初速度、加速度或时间，在多角度的应用中掌握位移规律。

下面的推论是台阶的更高一级，如果能用它们求解问题，常常能收到意想不到的效果，如例4。

$$v_t^2 - v_0^2 = 2as, \quad s = \frac{1}{2}(v_0 + v_t)t。$$

例4：汽车从静止开始做匀加速直线运动，途中先后经过相隔125m的A、B两点，用10s时间，已知过B点的速度为15m/s，求汽车从出发位置到A点所用的时间和发生的位移。

至此，描述匀变速直线运动的规律至少有四个公式，它们以函数（或方程）的形式出现。于是，选择公式是一个教学难点，而进行复杂的数学运算又是另一个教学难点。教师可通过条件分析、过程分析和一题多解等方法引导学生尝试公式的选择，并体会、归纳，形成方法积淀。特别需要指出的是，繁分数运算、解方程等往往是基础薄弱学生的最大软肋，教师不可忽略数学演算过程的示范，以详细的推演帮助学生复习数学工具的使用。

3. 关于实验

第一个实验要求学生了解打点计时器原理，掌握实验操作方法，并学会处理数据：从纸带计算平均速度，把部分计数点的近似瞬时速度描到$v-t$图上。第二个实验要求学生学会判断匀变速直线运动（$\Delta s=c$），会计算瞬时速度（$v_A=\dfrac{s_1+s_2}{2t}$）和加速度（$\Delta s=at^2$），会描点画出速度图像，并根据图像求加速度。逐差法和其他变式应用暂不做要求。

自由落体运动只是匀变速直线运动的特例，不做另外的要求。到此，本单元的教学任务结束了。与初中相比，学生学习了严格的运动概念，学会用科学的数学方法描述运动规律，并能应用规律解决运动问题，这是很大的学习成就，值得师生高兴和自豪。让学生保持一份欢快乐和自信去攀登下一个台阶，比解决两车追赶或相撞问题或许更有意义。

四、初始处埋下方法的种子

高中物理逻辑性强，实验要求高，数学应用复杂，建立与之相适应的学习方法是进一步学习物理的必然要求。因此，第一单元不仅仅是知识教学，还需从一开始就埋下方法的种子，使之成为初始台阶的重要组成部分。有关高中物理学习的方法很多，但下列方法的基础性、操作性和实用性都很强，应引起师生的关注。

1. 联系生活

生活经验是理解物理概念和规律的起点知识，在新课教学中，应积极引导学生寻找生活原型，通过类比、归纳、演绎形成新知识。生活经验人人都有，如对汽车行驶速度的判断、从起跑到冲刺的跑步过程的体验、生活中的变化量和变化快慢的区分等，生活经验的多少和优劣直接影响知识的同化水平。

2. 积极动手

物理课堂不仅要"听"和"说"，更重要的是"动手"，物理知识的习得，绝大多数是在"动手"中实现的。如动手画一画，画位移，画运动过程分析草图，画运动图像；动手写一写，写概念名称，写定义的关键字眼，列方程，演算方程；动手做一做，自己独立做一个实验，测出一个物理量，体验物理研究的乐趣。

"动手"是最生动的学习活动，是物理课堂最鲜明的特色。教师要设计"动手"内容，引导学生"动手"，发现和化解学生"动手"遇到的困难，从而让学生养成良好的习惯。

3. 学会模仿

模仿是一种简单实用的学习方法，特别适合理解能力不强的学生。当模仿次数达到一定程度时，学生就可熟能生巧，形成新知识。

4. 善于分析

物理过程分析是解决复杂物理问题的有效方法，而运动过程分析就是这一方法的最初表现，通常的操作步骤是：画过程草图，寻找承上启下的联系点，应用运动规律列方程，最后解方程得出结论。可选择电梯上行运动（经历加速、匀速、减速）做分析，当有一定的积累后再扩展到汽车延误、列车（非质点）过桥、物体追赶等更复杂的运动问题。

第一单元是高中物理学习的开场，台阶的首级要低，即使最后一级也不能太高，不要设置难题或偏题，不要挖坑，要保证最多的学生融入画境参与涂鸦。当初始台阶构筑平缓后，学生将沿台阶开始有自信的高中生活。如果门槛太高，很多学生可能会初始化失败，从而与高中物理失之交臂，留下终身遗憾。因此，平缓的初始台阶是学生进一步学习之必需，也是教师必尽构筑之责任。

参考文献：

［1］中华人民共和国教育部.普通高中物理课程标准（实验）［M］.北京：人民教育出版社，2003.

［2］人民教育出版社课程教材研究所.普通高中课程标准实验教科书物理1［M］.北京：人民教育出版社，2010.

·概念和规律回归生活的教学引导·

通俗而言，物理学是"物"之"理"的学问，"物"即大千世界，"理"是由概念和规律组成的知识体系，是对"物"的概括与描述。当一个概念或规律出现时，学生头脑中最先出现的是与之相对应的生活原型或最佳实例，在对照和匹配中引发共鸣，后经过逻辑加工形成新知。因此，教学的基础环节就是将概念或规律向学生的生活经验引导，向生活经验回归，以促进新知识的形成与发展。

在概念和规律回归生活的教学中，学生原有生活经验的积累和教师的合理引导是关键。

一、生活经验及分类

每个人都走过童年，一路走来积累了形形色色的生活经验，这是新知识学习中不可或缺的背景知识，它关系到新知识同化的广度和深度。生活经验包括直接经验和间接经验，大致分类如下。

多数生活经验源于个体的生活体验，从儿时游戏开始，在成长过程中累积，并随年龄的增长愈加丰富。常见的儿童游戏，如打陀螺、打仗（水仗、雪仗）、溜冰（含旱冰）、搭积木、捏橡皮泥、滑坡、踢毽子、丢沙包、打石靶、掰手腕、水流星、荡秋千、拔河、叠纸飞机（纸风车）、打弹弓、吹肥皂泡、放风筝等。较高级的生活经验来自体育活动，如跑步、打篮球、踢足球、打乒乓球（羽毛球）、单双杠、引体向上、投掷（铅球、实心球、标枪等）、跳远跳高、军训打靶等。有些生活经验与生活经历有关，如骑单车、乘汽车、乘飞机、坐船、乘电梯（竖直梯和扶梯）、坐过山车、坐海盗船和跳楼机等。

受制于个人经历、能力等原因，有些经验不是亲身经历，而是从现场观察或从电视电影中看到，如汽车打滑、走钢丝表演、飞车表演、F1方程式赛车、自行车场地赛、球类比赛、体操、杂技、冰上运动、卫星发射、飞船飞行等，观察是个人生活经验的又一重要来源。

此外，有些生活经验与生活常识相关，是个体在成长过程中对自然界进行感悟后形成的，如对空间（长度、面积、体积）的感知、时间长短的感觉、物体质量的认识（大象比人重），以及日月星辰变化、四季变化、生物生长节律等常识性的知识。

对于新知识的学习过程，生活经验是必要非充分条件，一般不主动作用于学习的过程，但当教师做指向性明确的引导或联系后，它将迅速成为积极的知识同化因素。下面以部分力学概念和规律的教学为例进行阐述。

二、概念教学中的生活回归

概念的教学方法是归纳法和演绎法，不论归纳法还是演绎法，都需要大量的生活例证来说明概念，因此，以新概念来同化生活经验是概念教学的基本方法。

1. 距离、路程与位移

距离、路程与位移是三个意义相近的空间概念。学生依据生活经验，容易理解路程和距离的区别，但对"位移表示物体位置的变化"的理解则有困难。突破的最好方法是在课堂上让学生表演位置的"变"和"不变"，引导学生观察位置变化的大小和方向（方位），最后归纳出位移的定义：位移是用从起点指向终点的有向线段表示质点位置变化的大小和方向的物理量。这是一种归纳教学法，通过观察形成初步概念，最后经数学抽象形成位移概念。

2. 速度与加速度

学生在日常生活中积累了大量的运动经验，易于理解速度"是描述物体运动快慢的物理量"，但对理解加速度"描述速度变化快慢"则有困难，原因是速度变化的快慢不如速度变化那样可直接观察。为此，教材以汽车起步的加速性能为例进行阐述，但除非家里有汽车，否则多数学生不会关注、观察、体验"加速性能"。这一概念的关键词是"变化快慢"，与之容易混淆的概念是"变化"。生活中的"变化"随处可见，而"变化快慢"同样屡见不鲜，如人的身高在少年时期"长得快"，而到成年时期则"长得慢"，"长"是一种变化，"快、慢"则与时间有关，故变化快慢与"变化"和"时间"同时有关系，需要用比值法才能准确地比较"变化的快慢"。在对"变化快慢"做最贴近生活的引导后再去探究汽车的加速性能，则顺理成章地得出加速度的比值法定义：速度变化量与相应时间的比值。

3. 力

学生在生活中对力有直接的感知，但力的概念的抽象程度太高，理解难度大。发生力作用时，施力和受力同时存在，课堂上应引导学生实际体验施力和受力：你推别人，同时感受别人在推自己，坐在椅子上，椅子被压，而椅子也在把你支持住。发生力作用时两个物体不一定相互接触，如磁铁之间的力。为了真实感受力的大小，建议取来一个质量为3kg的铅球，要求每一个学生都掂量、体验这30N的力。

4. 功和功率

在功的教学中，教师往往要求学生熟记公式：$W=Fs\cos\alpha$。其实，这只是一个函数式，或者说仅是数学意义上的功，而不是物理学上的功。

物理意义的功与能量紧密联系：做功将引起能量的变化，做功越多，能量的变化越大，如人拉小车跑，人对小车做了功，小车的动能越来越大。当力促进物体运动时，做的功有助于物体动能的增加，称力做"正功"；当力阻碍物体运动时，做的功将导致物体的动能减少，则力做"负功"。这就是正负功的物理意义，也是判断正负功的方法。当力与运动不共线时，先正交分解力，再根据功的定义式$W=Fs$求解，而不必记忆$W=Fs\cos\alpha$。

功率表示"做功的快慢"，用比值法即可定义（与加速度相似）。因做功将引起能量的变化，故功率也表示"能量转化的快慢"。例如，40W的灯泡，表示每秒钟有40J的电能转化为光能和热能，相当于人在1s内把一个1kg的铅球举高4m所做的功或消耗的能量，这样，物理学的"40W"就与生活中的"40W"相对应了。《普通高中物理课程标准（实验）》中的"活动建议"要求"设计测量人在某种运动中的功率"，目的是使功率更贴近生活，变得可触摸。

三、规律教学中的生活回归

物理规律揭示自然界物质运动所遵循的法则，具有客观性。正确理解规律并能应用规律解决问题是规律教学的两大目标。由于规律是通过观察、实验、抽象和数学推理等一系列科学活动发现，而这些环节大都与生活经验和原有知识有关，故生活经验是理解和把握规律的钥匙。

1. 平行四边形定则

平行四边形定则描述了自然界中等效与替代的关系，日常生活中存在大量的此类关系，如单人和两个人共同提一桶水的效果相同。合力与分力的关系类似家庭成员关系中的父子关系：父亲相当于"合力"，子女则为"分力"，子女未必不比父亲强，仅从身高看，子女可能比父亲高也可能比父亲矮。可见，"分力可能大于合力也可能小于合力"。合力和分力的大小关系则取决于它们构成的平行四边形的形状及所处的位置。

2. 运动车轮的摩擦力分析

如图1所示，自行车的后轮是主动轮，前轮是从动轮。当后轮转动（顺时针）时则向后冲刮地面，地面就反推它向前。这就是自行车前进的动力（图中的F），方向向前。这是一种摩擦力，如果车轮不打滑，则是静摩擦力，如果打滑则是滑动摩擦力。至于前轮，由于是被动运动的（靠后轮推动），即使是方形仍可能被推而向前滑动（不转动），故前轮受到向后的摩擦力（f）的作用。可见，前、后轮受到的摩擦力方向相反，性

图1

质有所不同。对于采取后驱动方式的车辆（如货车、大客车等）在开动过程中前后轮受到的摩擦力与自行车相似，而采取前驱动方式的车辆（如家用小车）的前、后轮受到的摩擦力则与此相反。可见，主动轮受到向前的静摩擦力作用，这就是车的动力，而从动轮则受到向后的摩擦力作用，这是一种阻力。

3. 加速度越来越小的加速运动

加速度越来越小的加速运动是运动学中的一种典型运动，如图2所示。速度在增大过程中，增幅越来越小（缓慢增大），最终达到最大，之后就不再增大。类似情形在社会生活中普遍存在，如经济缓慢增长、气温缓慢回升、人的身高缓慢增长、水龙头出水量减少而桶里的水却增加等都是类似问题。在100m跑的全过程中，运动员就经

图2

历了这一运动过程：开始时，运动员以最大加速度起跑，速度快速增大，随着时间的推移，体能消耗增大，加速能力越来越小，但速度仍然在增加，在跑过几十米（约60m）后速度达到最大，最后以这个最大速度跑完以后的行程。

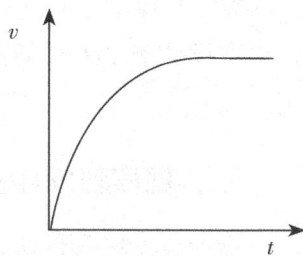

4. 牛顿运动定律

牛顿运动定律揭示了自然界中力和运动的因果关系：力是速度变化的原因（第一定律，定性关系），力是产生加速度的原因（第二定律，定量关系——$a=\dfrac{F}{m}$）。速度的变化（"果"）可直接观察，而引起变化的力（"因"）则往往是隐性的不易观察。但如果留意和观察日常生活，仍可感受到使速度变化的力：行驶的车一旦速度变化（加速或刹车）乘客即刻有力的体验（后仰或前扑），人身处加、减速升降过程的电梯或飞机，明显体验到超重或失重，跑步进入弯道时人体向内侧倾斜，游乐园的翻滚过山车、飞椅等项目的速度和力的体验，都是引起速度变化的力的直观表现。

5. 动能定理的生活意义

动能定理从能量角度揭示自然界能量变化的因果关系：做功是能量变化的原因。小车在人的拉动下越来越快，动能越来越大，这就是拉力做功的结果。速度和动能都是物体的一种状态，状态的变化是各种因素共同作用的结果，故动能定理表述为：各力对物体做的总功等于物体动能的变化量。其实，在社会生活中有诸多类似的情形，如品德或学识的变化是多种教育因素共同作用的结果，知识或财富的变化是多方辛勤"做功"的结果，这可当作社会学领域的另一种"动能定理"。

四、回归生活的时代迫切性

《普通高中物理课程标准（实验）》关注课程的生活性，把"加强与学生生活、现代社会及科技发展的联系"作为课程的基本理念，"教育即生活"，关怀生命、关注生活是现代教育的主旋律，也是物理教学必须把握的时代脉络。

当然，生活经验并不是物理概念和规律，相反，在学习新知识前，学生头脑中存在的生活经验（如前概念、直觉概念、朴素概念以及错误概念）可能对新知识教学产生负面影响。但在教师引导下，通过对生活经验进行由表及里、去伪存真、去粗存精，学生的认识将逐渐深化，再经过理论回归生活，新知识建立过程才完成。

但是，当前的高中物理教学与课程标准的期待仍有较大的距离。一方面，"文化大革命"后恢复高考至今的四十余年间，社会和师生持续把教学的兴奋点确定在提高分数上，无暇顾及生活体验和经验积累。当一代又一代学生唯书堆而疏远生活时，其后果就是不再得到大自然恩赐的创新灵感。另一方面，大量儿时传统游戏消失，取而代之的是以手机、平板电脑游戏为代表的虚拟环境，严重削弱了物理学习的基础和条件。在这样的背景下成长的部分新生代教师，可能因自身的生活经验匮乏，更愿意用数学推演代替物理规律教学，课堂抽象乏味，学生学习物理的环境雪上加霜。

因此，当前物理教学急切呼唤回归生活：多一点生活，多接一点地气，就多一点生动和感染力。

参考文献：

［1］蔡宝来，王立国.教学回归生活的意义与价值［J］.西北师范大学学报（社会科学版），2005（6）：102–105.

［2］人民教育出版社课程教材研究所.普通高中课程标准实验教科书物理1［M］.北京：人民教育出版社，2010.

［3］中华人民共和国教育部.普通高中物理课程标准（实验）［M］.北京：人民教育出版社，2003.

［4］崔红.试论生活教育的意义与实际［J］.教学与教育研究，2010（11）：112–113.

·高中物理教学中的"数学基础"问题及教学对策·

物理量及其关系都是定量的，物理问题往往就是物理量之间的定量关系问题，总与数学纠缠在一起，"应用数学处理物理问题的能力"成为学生必需的基本能力。一般而言，优生的数学知识储备充足，应用能力强，物理学习得心应手；而中下层次学生的数学储备欠缺，应用能力弱，物理学习步履维艰。

其实，高中物理课程的数学门槛并不高，如果教师在物理教学中注重数学基础的教学铺垫，即便是数学基础薄弱的学生，也能顺利地跨过门槛进入高中物理的殿堂。因必修模块不仅是高中物理课程的基础，也包含高中物理所需的数学基础，故下面以必修模块为例，简述高中物理学习的数学基础，并探究转变中下层次学生物理学习的数学基础薄弱的教学对策。

一、高中物理必修模块的数学应用简述

必修模块分为物理必修1和物理必修2，包含"运动的描述""相互作用与运动规律""机械能和能源""抛体运动与圆周运动""经典力学的成就与局限性"五个单元，涉及的数学应用概述如下。

"数"的运算是最基础的数学应用，速度（平均速度和瞬时速度）、位移、时间、加速度、力、功和能量等物理量的计算往往就是四则混合运算、分数运算和分式运算，不仅要求"会"算，而且要算得"准"和"快"。

列方程和解方程（组）是必修模块乃至高中物理最重要的数学应用，匀变速直线运动规律、牛顿第二定律（动力学）、动能定理、机械能守恒定律、万有引力定律（天体运动规律）等需要列方程和解方程。

图像是高中物理的另一重要数学应用，并且往往是线性函数图像（直线）的应用。匀变速直线运动图像（s–t和v–t图像）、胡克定律（$F=kx$）、牛顿第二定律（$a=\dfrac{1}{m} \cdot F$或$a=F \cdot \dfrac{1}{m}$）的图像都是直线。

位移、速度和力的合成与分解以及圆周运动规律要运用三角函数（$\sin\alpha$、$\cos\alpha$、$\tan\alpha$）、勾股定理和部分特殊图形（如等边三角形、矩形、棱形、圆形等）的基本性质及定理（定律）。从位移概念开始关注物理量的方向性，要求学生了解"矢量"的概念以及表示方法，掌握矢量的简单运算法则：同一条直线上矢量的合成法则以及互成角度矢量的合成法则（平行四边形定则和三角形法则）。

二、面向中下层次学生的数学基础教学设计

其实，优生的物理学习并不存在数学基础问题，但对中下层次学生来说，数学基础犹如一座横亘在路上的高山，从一开始就需要得到教师的帮助才能翻越。下面从数学知识补救和应用能力培养两方面，探讨在高一必修模块教学中实施系统的数学基础补救教学的方法，以帮助学生夯实高中物理学习所需的数学基础。

（一）数学基础的内容及目标设计

《物理1》的第一单元为《运动的描述》，数学教学内容设定为"四则运

算""方程""一次函数及图像"三个部分，以"方程"和"函数图像"为重点。第二单元为《相互作用与运动规律》，对应的数学教学内容为三角函数和简单几何图形的性质及定理，具体内容及教学目标如下。

1. 数的运算

数的运算包括数字四则混合运算、分数运算、简单分式运算、位置及变化的坐标表示。要求学生熟练掌握运算规则，快速、准确地进行数字的运算。

2. 方程及解

要求学生熟练掌握解方程的一些技巧，如去分母、移项、合并同类项、化简等，掌握一元二次方程的直接开平方法、配方法、公式法、分解因式法等常用解法，掌握解方程组的代入消元法和加减消元法等方法。可进行如下训练。

例1：求下列方程的根（x）。

（1）$b^2c+bx^2=\dfrac{1}{2}b^2c$；　　　　　　（2）$x^2=x+6$（十字相乘法）；

（3）$2x^2=3x+2$（求根公式）；　　　　（4）$\dfrac{5kb^3}{7c}=\dfrac{8x^2}{3kb}$；

（5）$\begin{cases} x+2y=8 \\ 3x+y=5 \end{cases}$；　　　　　　（6）$\begin{cases} x-2y=2 \\ 3x^2+y^2=10 \end{cases}$。

3. 线性函数及其图像

要求学生能通过描点法和根据函数式（公式）直接绘制图像，了解图像所表现的物理量变化规律，掌握截距、斜率的物理意义，能从图像推导出相应的函数式（物理规律）。

例2：图1所示为物体运动的$v-t$图像，则截距$b=$_____，表示_____；斜率$k=$_____，表示_____；函数式：_____，表示做物体_____运动。

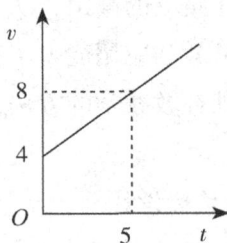

图1

4. 三角函数和常见的几何图形

掌握$\sin\alpha$、$\cos\alpha$和$\tan\alpha$的定义，在直角三角形中能根据已知的一条边和一个角求另外的边和角，熟悉$30°$、$45°$、$60°$和$37°$、$53°$等特殊角的值。掌握直角三角形、等边三角形、等腰三角形、平行四边形、矩形、棱形、梯形、圆形等常见几何图形的基本性质和定理，会计算特殊图形的面积。

《物理2》的教学单元中，有关曲线运动、能量、万有引力定律（及其在天体中的应用）都涉及复杂的数学运算，数学基础薄弱的学生将面临更大的挑战。相应教学内容设计为"复杂分式运算""复杂方程（组）的解""指数运算""圆的性质和定理"四部分，其中的"复杂分式运算"对应天体运动中的复杂分式和复杂比例运算，"复杂方程（组）的解"则对应圆周运动规律、能量规律（动能定理、机械能守恒定律）和天体运动规律（万有引力定律）的相关计算。这部分数学是学生从简单数学应用到复杂数学应用的开端，也是对数学基础的巩固与提高。

（二）教学过程与方法

因物理科的周课时量较少，补救教学主要安排在课外进行。以学案导引、自主学习为主要教学方式。在每一章（或单元）的教学之前增加"数学知识回顾"部分，教师按需要编写"数学知识回顾"的导学案，系统地引导学生的课前复习与训练。学生在学习中遇到的问题可通过同伴互助、合作学习等途径解决。教师可通过批改学案作业等方式检查学习效果，并从中发现问题。对于比较集中的疑难问题，可安排少量课堂点拨或答疑。

作为一种补救性的教学活动，不是新授课教学，而是复习课教学，只要原有的数学知识被激活，学生能熟练运用规则进行数学演算，快速、准确地推演出结果，就达到了教学目的。

三、物理教学中的应用数学能力培养

数学与物理分属不同的学科，学生具备一定的数学知识并不等于具有应用数学知识处理物理问题的能力，还需要教师在实际教学中培养。

1. 应用数学意识的培养

跟以定性为主的初中物理相比，高中物理的最大特点就是广泛运用数学语言。高一物理就有大量的数学公式，涉及众多物理量及其复杂关系，这是很多学生始料不及的。因此，要做意识转变工作，使学生认识到物理正从定性走向定量，大量的数学应用不可避免，数学基础好才能阔步前行。

2. 能力就是实际应用

能力是在对知识的应用中积淀形成并得到强化的，动手演算是最好的数学应用。课堂上的"动手"行为是基础薄弱学生的弱项，教师应该在课堂上板演数学演算过程，同时鼓励学生积极动手，跟着教师一步步地列方程、代数据、运算、得结果。只有扎扎实实动手，才能练就应用数学处理物理问题的能力。

3. 不失时机做数学与物理知识的双向迁移引导

基础层次不高的学生，一方面不能体会数学语言（函数、图像）背后的物理意义（如位移函数$s=2t+4t^2$对应匀变速直线运动的位移规律，$v-t$图像中截距和斜率的物理意义等）；另一方面不能把物理现象上升到数学描述的高度（数学建模）。因此，教学中要做物理与数学相联系的双向引导，以提高学生应用数学处理物理问题的能力。

应用数学能力的形成不是一蹴而就的，需要在反复的运用中熟能生巧，进而形成数学运算、表达和推演能力。

参考文献：

[1] 教育部考试中心.2013年普通高等学校招生全国统一考试大纲（理科·课程标准实验版）[M].北京：高等教育出版社，2013.

[2] 中华人民共和国教育部.普通高中物理课程标准（实验）[M].北京：人民教育出版社，2003.

[3] 董莹莉.数学方法在高中物理中的运用[J].广西教育，2013（26）：45-47.

复杂规律的分级教学研究

·《碰撞与动量守恒》的层次及教学·

从宏观小球到微观粒子的碰撞，无不遵循动量守恒这一规律。作为自然界的基本守恒定律之一，动量守恒定律在物理学中具有很高的地位，在教育部考试中心颁布的《考试大纲》中标识为Ⅱ级内容，其重要性不言而喻。

然而，《碰撞与动量守恒》又是高中物理中最具难度的一章，具体表现在如下几方面：一是研究对象复杂（两个以上），涉及物理量多；二是物理过程复杂，物理情境抽象，问题的综合性强，与所有力学规律都可建立综合；三是数学应用复杂，有多元（二次）方组的列举和运算，有数值解和字母解，部分还涉及矢量（向量）运算法则。

为了帮助学生克服本章学习困难，根据多年的教学经验和认知规律，重新组织全章的知识点和能力层次，建立由浅入深、循序渐进的教学路线，下面与读者共享。

一、教学内容的层次分析

任何教学内容都有一定的层次，它与知识的地位及教学目标有关。课程标准和《考试大纲》都对《碰撞与动量守恒》有清晰的层次规定。

课程的内容标准为：知道弹性碰撞和非弹性碰撞，理解动量和动量守恒定律，能用动量守恒定律分析一维碰撞；《考试大纲》把它们归纳为两个层次并标识要求掌握的程度：弹性碰撞和非弹性碰撞（Ⅰ），动量、动量守恒定律及其应用（Ⅱ）。标识Ⅰ对应课标"了解""知道""认识"的知识和要求，为第一个层次，标识Ⅱ对应课标"理解"和"应用"的知识和要求，为第二个层次。

就教学而言，第一层次属基础层次的要求，教学难度不宜大，而第二层次则是更高层次的要求，相应的教学有一定的难度。同时，"理解"和"应用"仍然具有相对性，如"理解"可分为"初步理解""一般理解"和"深入理解"，"应用"水平也有"简单应用""综合应用"和"复杂应用"。为了更好地区分、把握第二层次，有必要再把它细分为三个等级的要求：第一级为学生能够正确理解概念和规律的含义以及它们在简单情况下的应用，问题难度以"易"为主；第二级为学生能理解概念和规律的确切含义和准确表达，能理解规律的适用条件，并能正确运用规律解决相关的问题，教学难度以"中等"为主，是多数学生要达到的知识和能力目标；第三级为学生对物理规律的逻辑性认知达到较高水平，对复杂、抽象的物理过程和物理情境有较好的理解，综合能力、数学应用能力较强，对应的问题难度为"难"，是进一步拓展学生能力之必需。

当教学对象的知识起点不高时，可着重实施第一、第二级要求的教学；如果学生的起点较高，则可着重实施第二级要求的教学并向第三级扩展。

二、教学内容的层次划分

根据上述教学目标和教学层次分析，现将《碰撞与动量守恒》的知识点进行分层归类，并提出教学建议。

第一层次的教学内容有：知道冲量、动量的定义及特点，了解冲量和动量变化的关系（动量定理），能用动量守恒定律求解简单的碰撞问题（一维，无外力）。在教学操作上，冲量、动量定理只要求定性了解，而动量和动量守恒定律则要求定量掌握：引导学生合理规定正方向，在一维碰撞中正确列出守恒方程并进行简单的计算，暂不进行能力扩展，教学难度以"易"为主。由于概念多、新知识多，教学用时建议3节，给学生充分的新知识同化时间。

第二层次的教学是全章的重点和难点，要求学生正确理解动量的特点（与动能的区别等）和动量守恒的条件，理解三类碰撞中的内力和外力特点，正确应用动量守恒定律和能量关系求解相关碰撞问题。对于弹性碰撞，不仅要求学生能列出动量和动能守恒的方程组，而且能对方程组的解进行讨论，掌握等质量小球的弹性碰撞特点。教学难度以"中等"为主，达到第二级要求即可。由于是全章的教学重心，教学用时建议为4节。

考虑到知识的发展与学生能力拓展的需要，还应进行第三级的教学扩展，使学生能运用动量守恒定律并综合动能定理、机械能守恒定律、牛顿力学等高级规则解决力学问题，从而提高学生对物理过程和物理情境的分析能力、综合能力以及数学应用能力。这一层次的教学难度较大，技术上可引导学生把形形色色的力学综合题归类，寻找它们的共同特点，或者将大问题分解为若干个小问题，以降低难度。

对于新课教学，通常达到第二级要求即可，第三级要求可在高三总复习中实现。当然，如果学生基础较好，可在第三级要求上做适当的扩展。

三、教学内容层次的范例列举

以下给出各层次教学的范例，不仅体现全章的教学层次，也反映全章的教学框架：从易到难，循序渐进。

（一）第一层次问题范例

由于这一层次的教学重点是基本概念和基本规律的教学，要控制难度，既要使学生容易获得新知识，又有利于学生后续学习能力的形成和学习信心的提高。

例1：质量为$m=1$kg的三个小球分别做匀速直线运动、圆周运动和平抛运动，某时刻的速度大小均为2m/s，分析此刻各自的动量特点。

本例题要求定量理解动量的大小、单位和方向，体现概念的初步学习，难度不大。

例2：如图1所示，光滑的水平面上有两个小球同向运动。A的质量为1kg，速度为10m/s；B的质量为4kg，速度为1m/s。发生碰撞之后立即分开，B的速度变为4m/s，求碰撞后：

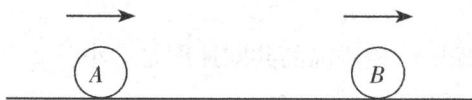

图1

（1）A的速度；

（2）碰撞过程损失的动能是多少？

（答案：–2m/s，18J）

本例题为动量守恒定律的初步应用，仅限于光滑水平面上的一维碰撞，不拘泥于细节，不引入碰撞的条件，要求学生正确规定正方向，正确表达动量守恒定律。教学中亦可引入"一动一静""反向碰撞""反弹"等模型，可以求碰撞前、后的速度和动量，可扩展到求解动能（能量）的损失量。通过多角度的应用，使学生对"运用动量守恒定律解决碰撞问题"形成初步的认识。

（二）第二层次问题范例

本层次的教学要求学生正确理解动量和动量守恒的条件，理解三种碰撞的特点并能运用守恒定律处理常见问题。

以下例题涉及非弹性碰撞、完全非弹性碰撞和弹性碰撞，能较好地帮助学生深入理解动量守恒的条件、特点和应用方法，难度中等，教学要求达到二级。

例3：A、B两小球在水平面上沿同一方向运动，两球的动量分别为 $P_A=6kg \cdot m/s$，$P_B=10kg \cdot m/s$。当A球追及B球发生对心碰撞后，关于两球动量 P'_A 和 P'_B，正确的是（规定原来方向为正）（　　）。（答案：D）

A. $P'_A=7kg \cdot m/s$，$P'_B=9kg \cdot m/s$

B. $P'_A=6kg \cdot m/s$，$P'_B=10kg \cdot m/s$

C. $P'_A=-6kg \cdot m/s$，$P'_B=22kg \cdot m/s$

D. $P'_A=-3kg \cdot m/s$，$P'_B=19kg \cdot m/s$

例4：如图2所示，在水平光滑直导轨上，静止着三个质量均为 $m=1kg$ 的相同小球A、B、C，现让A球以 $v_0=2m/s$ 的速度向着B球运动，A、B两球碰撞后黏合在一起，两球继续向右运动并跟C球碰撞，C球的最终速度 $v_C=1m/s$。

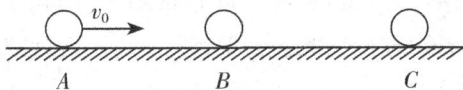

图2

（1）A、B两球跟C球相碰前的共同速度是多少？

（2）A、B两球最终的速度是多少？

（3）两次碰撞过程中一共损失了多少动能？

（答案：$v=1m/s$，$v_{AB}=0.5m/s$，$\Delta E_k=1.25J$）

例5：在水平光滑直导轨上，质量为 $m=1kg$ 的小球A以 $v_0=2m/s$ 的速度向静止的B球运动，B球的质量为 $M=3kg$。A、B两球发生弹性碰撞后，各自的速度是多少？（答案：以小球A的初速度为正，$-1m/s$，$1m/s$）

在做上述例题分析时，可引入存在外力（摩擦力）的情形，但当内力远大于外力时（碰撞时间很短），动量守恒依然成立。由于本层次教学是全章的教学重点，故仍然有一定的难度。

（三）第二层次的第三级要求范例

这是本章最具挑战性的教学层级，涵盖了《考试大纲》要求考查的除了实验能力以外的其他四种能力：理解能力、推理能力、分析综合能力和应用数学处理物理问题的能力。虽然难度大，但有一定的规律可循。下列三类问题是大多数综合题的母题或原题，由它们可变式出丰富多彩的力学综合题，故在教学中要讲透。

1. 与机械能（或动力学规律）的综合

例6：如图3所示，一光滑水平桌面AB与一半径为R的光滑半圆形轨道相切于C点，且两者固定不动。一长L为0.8m的细绳，一端固定于O点，另一端系一个质量m_1为0.2kg的球。当球在竖直方向静止时，球对水平桌面的作用力刚好为零。现将球提起使细绳处于水平位置时无初速释放。当球m_1摆至最低点时，恰与放在桌面上的质量m_2为0.8kg的小铁球正碰，碰后m_1小球以2m/s的速度弹回，m_2将沿半圆形轨道运动，恰好能通过最高点D。（$g=10\text{m/s}^2$）求：

（1）m_2在圆形轨道最低点C的速度是多少？

（2）光滑圆形轨道半径R应为多大？

（答案：1.5m/s，0.045m）

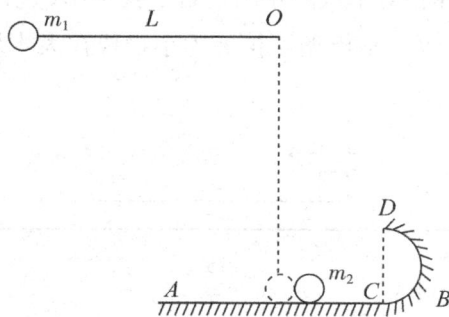

图3

2. 子弹打木块模型

子弹打木块模型是动量守恒定律教学中绕不开的问题，几乎一半的力学综合题从该模型演化而来。

例7：如图4所示，设质量为$m=0.2\text{kg}$的子弹以初速度$v_0=200\text{m/s}$射向静止在光滑水平面上的质量为$M=1.8\text{kg}$的木块上，并留在木块中不再射出，子弹钻入木块的深度为d=0.2m。求：

（1）木块对子弹的平均阻力的大小和该过程中木块前进的距离。

（2）系统损失的动能。

（答案：1.8×10^4N，0.02m，3.6×10^3J）

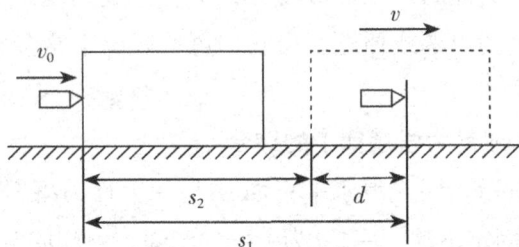

图4

本题要求学生不仅会列出动量守恒定律方程，还要熟练地对子弹、木块和系统列出相应的动能定理方程。下面两个重要结论，要求学生掌握：

结论1：阻力（摩擦力）产生的热能为$Q=fd$。

结论2：系统损失的动能转化为热能（能量守恒），即

$$\Delta Ex = \frac{1}{2}mv_0^2 - \frac{1}{2}(m+M)v_{共}^2 = fd = Q$$

结论中，d为子弹相对木块的距离，若子弹穿出，结论仍成立，只是子弹和木块的末速度不相等。本模型可扩展为小物块在大木块（或小车）上的相对运动问题，如图5所示。

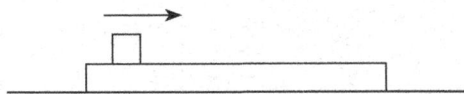

图5

3. 碰撞中的弹簧模型

弹簧模型本质上就是弹性碰撞模型，是第二大类力学综合题型。要求学生弄清弹簧处在压缩量最大和原长两个特殊位置的动量和能量特点，其他问题将迎刃而解。

例8： 如图6所示，用轻弹簧相连的质量均为2kg的A、B两物块都以v=6m/s的速度在光滑水平地面上运动，弹簧处于原长，质量4kg的物块C静止在前方，B与C碰撞后二者粘在一起运动。在以后的运动中，求：

（1）当弹簧的弹性势能最大时，物体A的速度是多少？

（2）弹性势能的最大值是多少？

（3）A的速度有可能向左吗？为什么？

（答案：3m/s，12J，不可能）

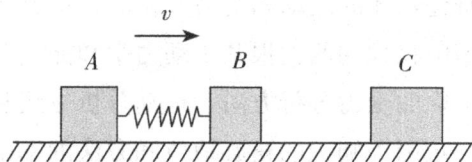

图6

还有难度更大的多次碰撞问题，可根据学生的能力层次继续扩展，限于篇幅，不再列举。

四、结束语

我所在的学校为非重点中学，学生层次中等偏下，教学难度较大。但通过分层推进，较好地实现了课程目标：普通班的教学能推进到第二级要求，重点班则能推进到第三级要求，在以上述例题为尺度的考试评价中，重点班、普通班均取得较好的成绩。因此，分层推进是应对高难度内容的有效方法，它能使各层次的学生学有所获，而不是望而止步。

《碰撞与动量守恒》内容涉及的问题太复杂，教学过程绝不可以照本宣科，而是要根据教学目标和学生实际进行二次创作。我尝试提供一种思路或方法，期待起到抛砖引玉的作用。

参考文献：

［1］教育部考试中心.2013年普通高等学校招生全国统一考试大纲［M］.北京：高等教育出版社，2013.

［2］中华人民共和国教育部.普通高中物理课程标准（实验）［M］.北京：人民教育出版社，2003.

［3］潘仕恒.高中物理课程分级评价浅探［J］.中学物理教学参考，2012（1）：7-9.

［4］廖伯琴，张大昌.普通高中物理课程标准（实验）解读［M］.武汉：湖北教育出版社，2004.

我的分级教学研究

·牛顿运动定律的知识线索与复习建议·

　　高中物理是从研究物体的运动和受力开始的，牛顿运动定律则揭示了力和运动的关系，是高中物理的两大根基（动力学和能量）之一。同时，在处理物体运动问题时采取的受力分析方法、运动分析方法和数学方法是解决物理问题的基本方法。正因为知识的核心地位和方法的基础性地位，牛顿运动定律成为高考的必考单元。下面以典型例题为线索对本单元进行梳理，寻求清晰的复习教学路线。

一、牛顿定律的历史线索

　　历史上，人类对物体运动的观察和思考不曾停止，古希腊哲学家亚里士多德（公元前384年—公元前322年）认为"凡是运动的物体，一定有推动者在推着它运动"，由于这一观点具有表面上的"合理"性，因而成为影响两千多年的主流认识，以至现在仍有部分人认为是正确的。

　　17世纪前半叶，伽利略（1564—1642年）在《关于两门新科学的对话》（1638年出版）中提出新的运动观：外力不是维持物体运动的原因，而是"引起加速或减速的外部原因"，物体速度的大小和方向的改变即加速度的产生归诸力的作用，这是历史上首次对力与运动关系的正确认识，也是牛顿第二定律的雏形。17世纪后半叶，牛顿（1643—1727年）在伽利略等人研究的基础上，在《自然哲学的数学原理》（1687年出版）中系统地提出了物体运动的三大定律。第一定律（惯性定律）指出力是迫使物体运动状态发生变化的原因；第二定律则把力和运动的关系定量地表示为"运动的变化与所加的动力成正比，并且发生在这力所沿的直线上"，今天我们把它表示为 $F=ma$；第三定律则揭示了力的相互作用性质：对于每一个作用，都有一个相等的反作用。

　　牛顿运动定律不仅在经典物理学上具有奠基性的意义，而且成为第一次机器工业革命的理论基础，内在价值和社会价值巨大，故其历史线索成为高考的考点。

二、牛顿运动定律的知识结构

根据知识特点，将本单元的内容大致划分为两部分：第一部分为定性理解牛顿第一定律和第三定律，第二部分为定量应用牛顿第二定律，这是本单元的核心内容，也是本文阐述的重点。

对规律的应用可浅可深，现将牛顿第二定律的应用区分为基础应用、提高应用和复杂应用三个层次。基础应用为各种受力情况下加速度的求解，包括分力在一条直线上和互成角度两种情况；提高应用为运动和力的一般综合，涉及单个物体的单个运动过程和多个运动过程两种情形；复杂应用涉及单个和多个物体（连接体）的复杂运动，这是本单元的最高能力发展阶段，特别对于"多体"的"多运动"情形，可视学生的情况适当突破。

至于加速度的瞬时性、超重和失重、临界问题、图像问题等都已包含在基础应用、提高应用和复杂应用中，而不再列为另外的复习专题。规律应用还将涉及作图法、合成与分解（正交）法、整体和隔离法、物理过程的分析和综合方法、数学（函数与图像）方法等，需要教师在教学中不断渗透，反复磨好"方法"这把刀，以达事半功倍的学习效果。

三、牛顿第二定律的基础应用

不论物体做何运动，迅速、正确地分析受力，便捷、合理地求解合力和加速度是这一层次的基本要求。当分力在同一直线上时，合力等于各分力的代数和。如果分力同向，合力等于分力之和，如果分力反向，合力则等于"大力"与"小力"之差，方向与"大力"相同。

例1：将一质量为m的小球竖直向上抛出，设上升过程和下落过程受到的空气阻力大小均为f，分别求出小球上升和下降过程的加速度。

上升过程重力和阻力同向，下降过程重力与阻力反向，相应的动力学方程分别为$f+mg=ma_1$和$mg-f=ma_2$，显然，求出的是加速度的大小。

例2：图1所示是电梯上升的速度 时间图像，若电梯地板上放有一个质量为20kg的物体，取$g=10m/s^2$，试求：

（1）前2s内以及第5s物体对地板的压力各为多少？（260N，160N）

（2）整个运动过程中，电梯通过的位移为多少？（27m）

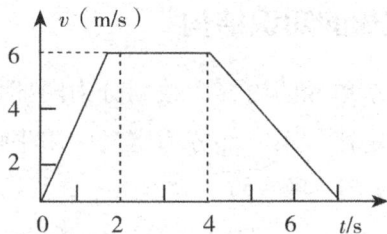

图1

加速上升：$F_1-mg=ma_1$，减速上升：$mg-F_2=ma_2$。本例不仅涉及同一直线上力的合成，还引出超重和失重的知识点，同时还涉及v–t图像的斜率和面积。电梯问题是近几年的热门考点。

例3：图2所示的装置可以测量汽车在水平路面上做匀加速直线运动的加速度。滑块质量为2.0kg，可无摩擦滑动，两根轻弹簧完全相同，a、b为力的传感器。汽车静止时，传感器a、b的读数均为10N（取$g=10m/s^2$）。当汽车如图中v方向运动时，传感器a的读数为14N，b的读数为6.0N，求此时汽车的加速度大小。

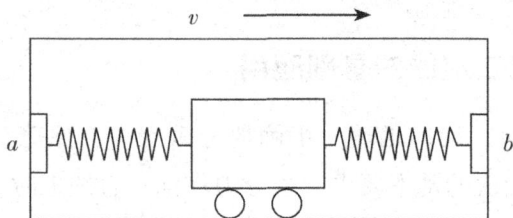

图2

该题的难点是箱子所受弹力的判断，弹簧问题是常见的高考题型，既有力的判断，也可以做能量的扩展。

上述三个例题是同一直线上的力产生加速度的典型范例，难度中等，可为全体学生所掌握。

求解互成角度的力产生的加速度对于中下层次学生有一定的难度。首先要正确分析受力，然后再根据平行四边形定则求解：当只受两个力时可直接作平行四边形的对角线求合力，当受到三个以上的力时通常用正交分解求解。正交分解时，要取一个方向与运动方向共线，另一方向与之垂直。

例4：如图3所示，一辆小车在水平地面上行驶，悬挂的摆球相对小车静

止并与竖直方向成 α 角。求小车的加速度并判断其运动情况。

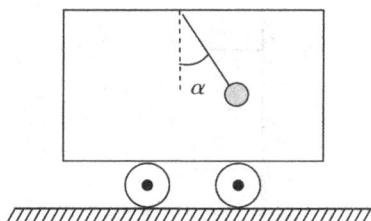

图3

（答案：加速度大小为 $g\tan\alpha$ ，方向向左，小车可能向左加速或向右减速。）

例4的小球只受两个力，可直接画重力和拉力的合力（平行四边形的对角线），而不必正交分解。斜面上物体的加速度是最基本的互成角度的力产生加速度的问题，要求学生熟练掌握光滑和粗糙两种情况的加速度求解方法。在此基础上，可做如下扩展。

例5：如图4（a）所示，一细线的一端固定于倾角为45°的光滑楔形滑块 A 的顶端 P 处。细线的另一端拴一质量为 m 的小球，当滑块至少以 $a=$_____向左运动时，小球对滑块的压力等于零，当滑块以 $a=2g$ 的加速度向左运动时，线中拉力 $T=$_____。（ g , $\sqrt{5}mg$ ）

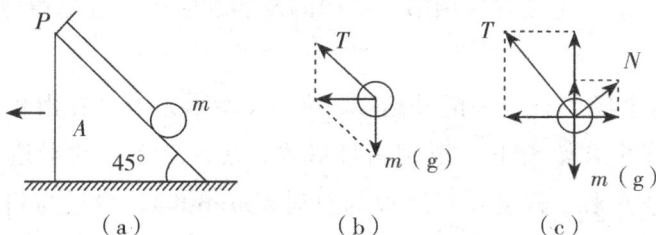

（a）　　　　　（b）　　　　　（c）

图4

例5是二力和三力的典型题型，并且涉及临界问题（小球对斜面的压力恰为零），可要求学生分别用两种方法正确求解合力，如图4（b）和图4（c）。下面两例为四力情形。

例6：如图5所示，质量 $m=2$kg的物体 A 与竖直墙壁之间的动摩擦因数为 $\mu=0.5$ ，物体受到一个跟竖直方向成 $\alpha=53°$ 角的推力 F 作用后，物体紧靠墙壁向上做匀加速直线运动，加速度大小为2m/s² ，取 $g=10$m/s² ，试求推力 F 的大

我的分级教学研究

小。（48N）

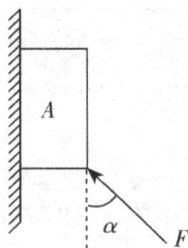

图5

当物体受到四个力作用时，宜用正交分解方法求解合力。在大多数情形下，物体的受力都在四个以内，且两至三个力居多，故上述例题对加速度的求解方法具有代表性。

四、牛顿第二定律的提高应用

牛顿第二定律的提高应用主要解决具体的力和运动的关系，涉及的物体运动有"单体单运动过程"和"单体多运动过程"。处理的方法为先根据运动条件求加速度，然后根据牛顿第二定律求解力，或者先由力求解加速度，再由运动条件求解运动的物理量。由于是复习课教学，可将重点放在"单体多运动过程"上，这是对牛顿第二定律的发展性应用，也是物理综合题的基础题型。

例7：游乐场里有一种滑沙运动，如图6所示，人坐在滑板上从斜坡的高处A点由静止开始滑下，滑到斜坡底端B点后沿水平的滑道再滑行一段距离到C点停下来。若某人和滑板的总质量$m=60kg$，滑板与斜坡滑道和水平滑道间的动摩擦因数均为$\mu=0.50$，斜坡的倾角$\theta=37°$（$\sin37°=0.6$，$\cos37°=0.8$），斜坡与水平滑道间是平滑连接的，整个运动过程中空气阻力忽略不计，重力加速度g取$10m/s^2$。求：

（1）人从斜坡上滑下的加速度是多少？

（2）若由于场地的限制，水平滑道的最大距离BC为$L=20m$，则人在斜坡上滑下的距离AB应不超过多少？

（答案：$2m/s^2$，$50m$）

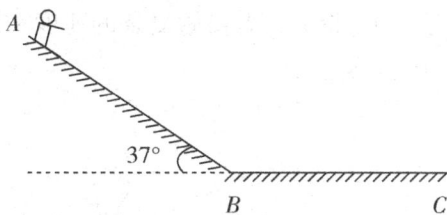

图6

本例题的难度并不大，要求学生能清晰分析运动，区分不同的运动阶段的加速度，正确求解速度、位移、时间等物理量。多运动过程的关键是物体在连接点的速度，具有承前启后的作用。

五、牛顿第二定律的复杂应用

在牛顿第二定律的复杂应用中，单体的复杂运动是常见的题型，其中以传送带上物体的运动最为典型。物体在传送带上可能先加速后匀速，或者先减速后匀速，甚至整个过程可能都加速。

例8：水平传送带被广泛地应用于机场和火车站，图7所示为一水平传送带装置示意图。紧绷的传送带AB始终保持恒定的速率$v=1m/s$运行，一质量为$m=4kg$的行李无初速度地放在A处，传送带对行李的滑动摩擦力使行李开始做匀加速直线运动，随后行李又以与传送带相等的速度做匀速直线运动。设行李与传送带之间的动摩擦因数$\mu=0.1$，A、B间的距离$L=2m$，g取$10m/s^2$。

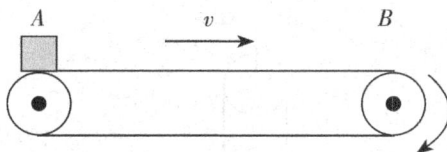

图7

（1）求行李从A到B的时间；

（2）如果提高传送带的运行速度，行李就能被较快地传送到B处，求行李从A处传送到B处的最短时间和传送带对应的最小运行速度。

（答案：2.5s，2s，2m/s）

上例可以做适当扩展，如求行李从A到B的过程中与传送带的相对位移，或者当行李有初速度，传送带顺（逆）时针转动时的相关物理量的求解。如果扩展到斜面上的传送带（图8），需要做复杂的速度和加速度判断，才能确定物体运动过程的动力学行为。

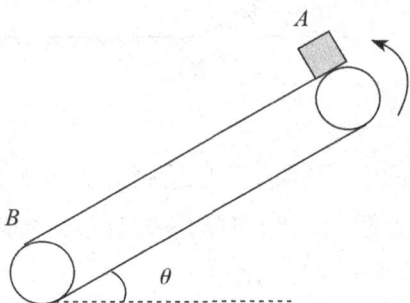

图8

连接体是常见的复杂题型，由于研究对象有多个，问题的复杂程度加大，处理的方法是整体法和隔离法。当连接体的各物体具有相同的运动状态（速度、加速度相同）时，用整体法求得整体的加速度，再用隔离法求内力，即先整体后隔离。如果两个物体的运动状态不相同，不宜用整体法，而是用隔离法：将各物体隔离开来，单独对它进行受力分析并应用牛顿第二定律。

例9： 跨过定滑轮的绳的一端挂一吊板，另一端被吊板上的人拉住，如图9所示，已知人的质量为70kg，吊板的质量为10kg，绳及定滑轮的质量、滑轮的摩擦均可不计。取重力加速度g=10m/s^2，当人以440N的力拉绳时，人与吊板的加速度a和人对吊板的压力F分别为（   ）。

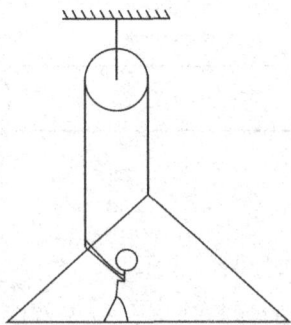

图9

A. $a=1.0$m/s^2，$F=260$N   B. $a=1.0$m/s^2，$F=330$N

C. $a=3.0$m/s^2，$F=110$N   D. $a=3.0$m/s^2，$F=50$N

把吊板装置和人当作整体，得$2T-（m_人+m_板）g=（m_人+m_板）a$；隔离人，得$T+F-m_人g=m_人a$，联立解得B选项。

例10：如图10所示，弹簧秤悬挂着质量均为1kg的物体A和B，A、B之间以细线相连，突然剪断细线瞬间，A、B加速度大小分别为（　　）。（答案：A）

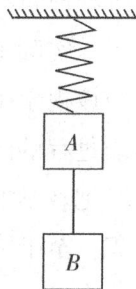

A. g，g 　　　　　　　　B. g，$2g$

C. 0，g 　　　　　　　　D. $2g$，0

例10既是连接体问题，也是加速度的瞬时性问题，需要用整体法和隔离法求解。

图10

多体（多对象）多过程则是本单元综合性最高的问题，高中物理复杂的综合题是从这种题型开始的。

例11：如图11所示，质量$M=8kg$的小车停放在光滑水平地面上，在小车右端施加一水平恒力$F=8N$。当小车向右运动速度达到3m/s时，在小车的右端轻放一质量$m=2kg$的小物块，物块与小车间的动摩擦因数$\mu=0.2$，假定小车足够长，问：

（1）为使小物块不落到地面，小车的最短长度应为多少？

（2）小物块从放在车上开始经过$t_0=3.0s$所通过的位移是多少？

（答案：3m，8.4m）

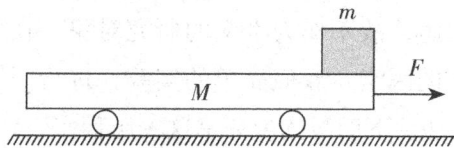

图11

例11涉及两个对象和两个物理过程，既要考虑整体法、隔离法，还要考虑运动的相对性，问题的复杂程度陡增。

六、结束语

从例1至例11，由简单到复杂、系统地串起了牛顿运动定律的典型应用，既有知识与技能，也有过程与方法。特别在应用规律过程中涉及的方法（受力分析、力的合成与分解法、整体和隔离法、物理过程分析法、数学方法）正是考试大纲所要考查的理解能力、推理能力、分析综合能力、应用数学处理物理问题的能力。

实际上复习教学中不一定全部完成上述11个例题代表的内容和难度，应该视学生实际做教学调整与扩展。对层次不高的学生则力求解决单体多运动过程的问题，完成"基础应用"和"提高应用"的教学目标，而对优生则可把教学的重点放在"复杂应用"上，使学生对复杂运动问题有更深入的认识。至于验证牛顿第二定律的实验也是热门考点，限于篇幅，不再列举。

·利用橡皮筋探究变力做功的实验改进·

功能关系是普通物理学的基本关系，是基本的学科核心概念。依据"物体能量的变化往往跟力做的功相关联"的思想，人教版的高中物理必修2第七章《机械能守恒定律》在从重力和弹力做功中引出重力势能和弹性势能的概念后，安排了"探究功与速度变化的关系"实验，通过探究力对物体做的功与物体速度变化的关系，希望由此找到动能表达式的线索，同时也为下一节《动能和动能定理》的教学做实验铺垫。

为使实验具有普适性，教材分别设计了恒力做功和变力做功两个参考案例。恒力做功的实验装置与验证牛顿第二定律的装置相同，需测量的物理量确定，实验较容易实施，故不作为本文的研究对象。在变力做功的实验中，由于存在很多不确定的因素，看似简单的实验，进行了一个多星期的准备，屡屡失败最终艰难成功。下面与读者分享这一历程。

一、教材中的实验设计

如图1所示，用橡皮筋拉静止的小车，小车获得速度。小车的速度用打点计时器测量，而橡皮筋拉力（弹力）是变力，无法直接测量并计算拉力做的功。为此，对弹力做功做特别处理，在实验操作中分别用1根、2根、3根……相同的橡皮筋并联拉小车，保证小车每次从同样的位置被弹出，即每根橡皮筋每次的伸长量相同，弹力相同，相应做的功也相同。橡皮筋对小车做的功分别是$1W$、$2W$、$3W$……测出对应小车被弹出后的速度，画出$W-v$、$W-v^2$等图像，找出功与小车速度的关系。

打点计时器   橡皮筋

图1

本实验设计巧妙地避开了变力做功的计算，使物体从静止开始运动，减少测量的物理量，实验装置简单，所用器材普通，每个学生均可参与实验。

二、实验存在问题与改进思路

上述实验在实际操作中遇到了很多问题，主要有：①小车运动、打点过程受到的摩擦力较大，平衡摩擦力的实际操作比较困难；②打点计时器测量速度时需要进行大量的长度测量和计算，难以在一节课的时间内完成；③当小车被3根以上橡皮筋拉动时，小车在较大的弹力作用下迅速被弹出，而橡皮筋的长度较短，小车做直线运动的行程较短（约10cm），纸带能打出的点数少，未能完全反映小车由加速到匀速的运动过程，无法正确测出橡皮筋做功后小车获得的末速度；④由于橡皮筋的弹力变化不规律，小车的运动容易偏离直线，当增加橡皮筋的条数时，这种情况更加明显。

针对上述问题，我对实验做了如下改进：①用水平气垫导轨来代替长木板，从而保证小车沿直线运动，并且极大地减少摩擦力对本实验的影响，省去了平衡摩擦力这一环节；②用光电门采集数据以计算速度，减少人工测量的次数和数据处理量；③用Excel进行相关速度的计算以及绘制相关图表，即把速度的计算等公式和其他已知量编在相应单元格中，实验中只需记录填入挡光片通过光电门的时间，运算与描图自动完成；④增加滑块从加速到匀速的运动行程，确保测量的末速度是滑块稳定匀速行驶时的速度；⑤寻找弹力变化更规律的橡皮筋，减小伸长量对弹力的影响带来的系统误差。

我的分级教学研究

三、实验探索过程

1.用橡皮圈直接拉滑块做功

主要器材和装置如图2所示，橡皮圈直接提供牵引力，橡皮圈用办公用的橡皮圈（通常用来扎钞票或票据，直径约为40mm，横截面直径1.4mm）。开始时先用1个橡皮圈来拉滑块，然后每次增加一个（并联）橡皮圈，并保证每次都拉伸到相同的位置释放，采集的数据见表1。

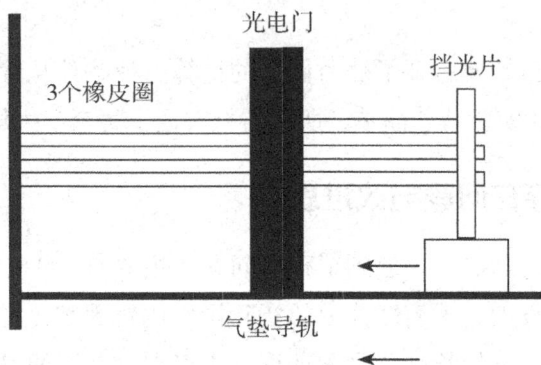

图2

表1

橡皮筋条数	单位功 $W/$（J）	挡光片宽度 $d/$（m）	光电门时间 $\Delta t/$（s）	速度 v（m/s）	速度 v^2（m²/s²）
0	$0W$	0.02	0	0	0
1	$1W$	0.02	0.032	0.625	0.391
2	$2W$	0.02	0.025	0.800	0.640
3	$3W$	0.02	0.021	0.952	0.907
4	$4W$	0.02	0.021	0.952	0.907
5	$5W$	0.02	0.020	1.000	1.000

从表1可以看出，当增加到4个橡皮圈拉小车时，小车通过光电门的时间基本没有变化，这与"做功越多小车获得的速度越大"不相符。是否是偶然误差呢？重复了几次实验，结果都相差不大，即都是第4组数据出现异常。并联的橡皮圈增加后，两端因交叠在一起，导致橡皮圈的长度不相同从而引起系统误差。为此做如下改进。

2. 用细线连接橡皮圈后拉滑块

实验装置如图3所示，用细线连接橡皮圈来提供牵引力，在橡皮圈前后均拴上细线，避免两端的交叠，使在每次实验中每个橡皮圈的伸长量相等。加上细线，可使滑块的受力汇于一线，也使滑块的运动行程变大，纸带打出的点数变多。实验数据见表2。

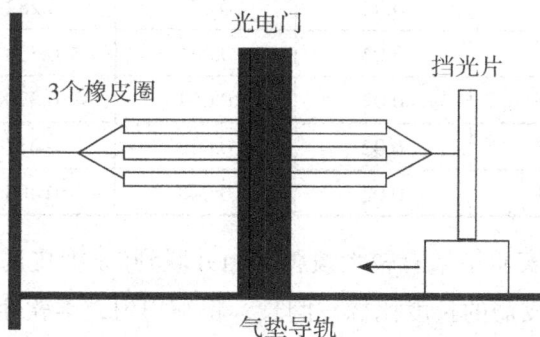

图3

表2

橡皮筋条数	单位功 $W/$（J）	挡光片宽度 $d/$（m）	光电门时间 $\Delta t/$（s）	速度 v（m/s）	速度 v^2（m²/s²）
0	0W	0.02	0	0	0
1	1W	0.02	0.028	0.714	0.510
2	2W	0.02	0.021	0.952	0.907
3	3W	0.02	0.018	1.111	1.235
4	4W	0.02	0.020	1.000	1.000
5	5W	0.02	0.019	1.053	1.108

改进后的结果与前一次相差无几，仍然是第4组起出现问题。我仔细观察了实验用的橡皮筋，发现这些办公用的橡皮圈制作工艺粗糙，粗细不一，长度的一致性差，致使其劲度系数不同，弹性限度可能也不一样。当用多个橡皮圈并联拉伸滑块时，有些橡皮圈还是处于松弛状态，并没有产生弹力作用。可见，橡皮筋是影响实验效果的关键因素。

3. 换用质量好的橡皮筋

我尝试用质量更好的橡皮筋代替上述橡皮圈，于是找来女孩扎头发用的橡皮筋（发圈）来代替。这种发圈的内部由多条细的橡皮筋组成，把橡皮筋抽出来，实验时每次增加一条，相关实验数据记录见表3。

表3

橡皮筋条数	单位功 $W/$（J）	挡光片宽度 $d/$（m）	光电门时间 $\Delta t/$（s）	速度 v（m/s）	速度 v^2（m²/s²）
0	0W	0.02	0	0	0
1	1W	0.02	0.071	0.282	0.079
2	2W	0.02	0.061	0.328	0.107
3	3W	0.02	0.054	0.370	0.137
4	4W	0.02	0.048	0.417	0.072
5	5W	0.02	0.049	0.408	0.068

结果发现，实验结果有较大改善，当并联到5条橡皮筋时才出现数据异常。这次所用橡皮筋的长度比橡皮圈长，粗细均匀，柔软性好，劲度系数较小，即使伸长量较大，弹力也不是太大。这种橡皮筋的外层包裹有纱线，当伸长量较大时，这层纱线对弹力产生阻滞作用，故其对实验会有一定的影响。

4. 调整思路，实验结果柳暗花明

从前面几次实验可以看出，换用质量更好的橡皮筋是解决问题的关键，但那样会使实验过度依赖器材而不具普适性。为此，我结合之前的经验和教训，做如下改进：随机取四个橡皮圈串联成一个橡皮圈条代替以前的一条橡皮筋，在实验前先反复几次拉伸串联好的橡皮圈，然后再把橡皮圈分别套在导轨和滑块两端。实验装置如图4所示，串联四个橡皮圈来提供牵引力。实验数据记录见表4。

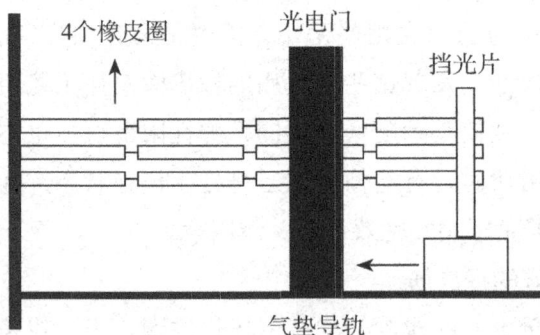

图4

表4

橡皮筋条数	单位功 $W/$（J）	挡光片宽度 $d/$（m）	光电门时间 $\Delta t/$（s）	速度 v（m/s）	速度 v^2（m²/s²）
0	0W	0.02	0	0	0
1	1W	0.02	0.034	0.588	0.346
2	2W	0.02	0.023	0.870	0.756
3	3W	0.02	0.019	1.020	1.041
4	4W	0.02	0.018	1.111	1.235
5	5W	0.02	0.016	1.250	1.563

实验的数据与理论预期一致，同时由数据分别画出的$W-v$、$W-v^2$图像如图5、图6所示，结果与预期高度吻合。这会不会是偶然的结果呢？重新进行了两次实验，结果几乎没有变化。可见，串联使用橡皮圈在一定程度上改善了橡皮筋的性能。我还尝试了3个和5个橡皮圈串联的实验，并与4个橡皮圈串联进行比较，不同数量橡皮圈串联后做出的$W-v$图像如图7所示，图像反映的趋势几乎相同。

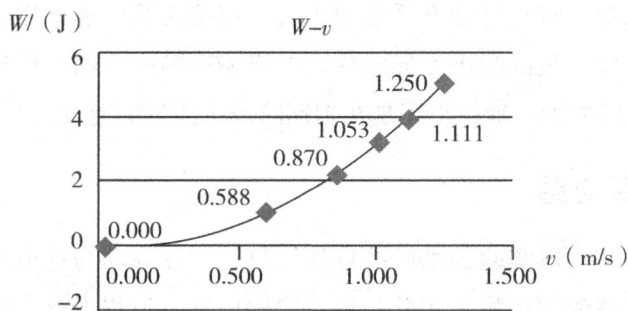

图5

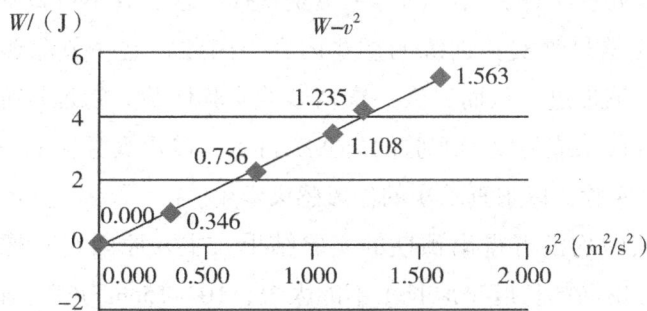

图6

我的分级教学研究

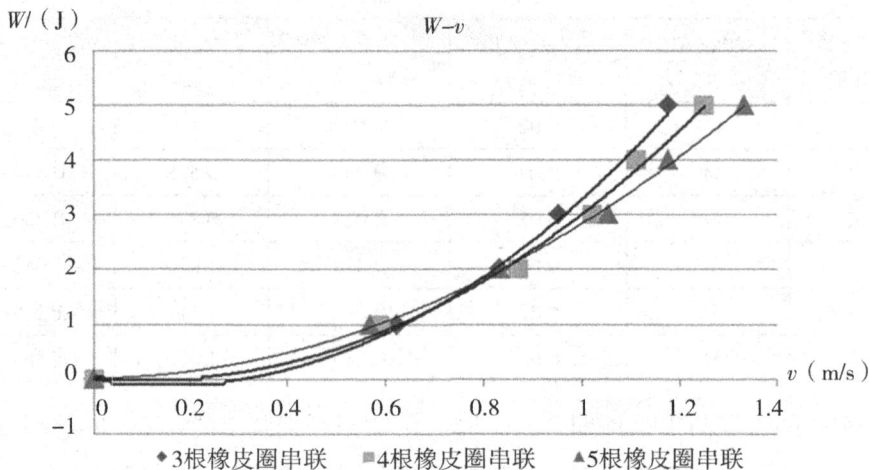

图7

单个橡皮圈之间存在粗细、长短、材料等原因造成的差异，但随机的多个橡皮圈串联后可在一定程度上相互补偿抵消这些差异。另外，橡皮圈串联后的长度比单独一个橡皮圈的长度增加了数倍，一方面，有效地改善了橡皮筋的劲度系数，特别是劲度系数变小后，可使实验中橡皮筋有较大的伸长量，从而减小伸长量的微小差异对弹力的影响；另一方面，橡皮筋变长后，滑块的运动行程加大，确保小车是在匀速阶段时测量的速度。

四、实验总结

物理学是一门以实验为基础的自然学科，"探究功与速度变化的关系"实验包含了完整的现代物理实验过程：实验原理、过程设计、实验过程、实验问题、实验改进、问题解决、形成结论，其中的采集数据（光电传感器）和计算机辅助处理（计算与绘图等）更是现代物理实验不可或缺的环节，是对学生进行完整科学实验训练的重要内容，因此，这一节课要扎扎实实上好，而不是一笔带过，从而错失一次精妙的实验体验。物理教师要以高度的专业精神和责任感成为物理实验的忠实执行者，以求真务实的态度不厌其烦地做好每一个实验，以求真求实的作风感染学生。

前三个实验均没有得出预期的实验结果，主要原因在对橡皮筋的选择上。首先，橡皮筋的长度（原长）不能太短，10～15cm为宜。如果太短，实验过程中的微小变化都可能带来较大的误差。其次，要保证每条橡皮筋的物理性质几乎相同。当随机地取几个橡皮圈串联成橡皮圈条代替橡皮筋时，能较好地解决上述两个问题，这是实验得以顺利完成的主要因素。

如果条件允许，建议采用气垫导轨和光电门的实验装置。导轨要借助水平仪调水平，光电门与滑块初位置的距离不能太近，要保证在橡皮筋恢复原长后，在匀速阶段测量滑块的速度。应用Excel处理数据是实验中另一不可或缺的手段，高中阶段的学生应该具备在单元格中输入计算函数的能力，而运用计算机辅助处理数据是现代科学实验的基本方法，学生应该掌握这一研究方法。

参考文献：

［1］张玉峰，郭玉英.围绕学科核心概念构建物理概念的若干思考［J］.课程.教材.教法，2015（5）：99-102.

［2］人民教育出版社课程教材研究所.普通高中课程标准实验教科书物理2［M］.北京：人民教育出版社，2010.

［3］潘仕恒.平缓铺造高中物理的初始台阶［J］.现代中小学教育，2014（6）:55-57.

［4］施美玲，候恕.高中物理教学中应用物理图景理论探讨［J］.物理教学探讨，2015（7）:28-33.

·学科核心概念视角下对速度概念的重新认识·

学科核心概念是组织整合学科知识体系的少数关键概念，"机械运动与相互作用"作为高中物理的学科核心概念，组织整合了从宏观物体的机械运动到微观粒子在电场和磁场中高速运动的知识体系。对机械运动的描述还需要其他的下位概念，如质点、参考系、位置、位置变化、位移、路程、速度和加速度等。在这些概念中，速度作为大概念能将众多科学知识联为一个整体的科学学习的核心，能更好地表现物体运动的瞬时状态，并且可发展与动能和动量概念的联结，因此，速度在描述机械运动的概念中更具基础性的地位。

其实，人类对物体运动速度的认识过程既是物理学从牛顿力学向相对

我的分级教学研究

论力学的发展过程，也是人类在对速度的追求过程中不断引发新技术革命的过程。从早期的人力车、牲畜车到机械车、汽车、火车、高铁技术，再到螺旋桨飞机、喷气式飞机、运载火箭，直至实现高能粒子以接近光速的速度传播，每一次速度的突破都带来人类文明进程的发展。

下面依据学科核心概念的思想，从速度概念的建立、发展过程以及速度与其他力学概念和规律的关联，重新认识速度对力学知识体系的整合作用和意义。

一、课程标准中的"速度"线索

在《普通高中物理课程标准（实验）》中，必修模块和选修3系列全面系统地介绍了物理学的基本内容，一直是全国普通高考考试大纲指定的考试内容，其内容标准包含23个二级主题，其中与运动相关的主题有13个，概述如下。

必修模块的主题都与物体的速度有关：第一个主题"运动的描述"定义速度等概念，然后探究匀变速直线运动的速度规律；第二个主题"相互作用与运动规律"探究力与速度变化快慢（加速度）的关系（牛顿第二定律）；第三个主题"机械能和能源"探究做功与动能（与速度大小相关）的变化关系；第四个主题"抛体运动与圆周运动"探究曲线运动的动力学规律；第五个主题"经典力学的成就与局限性"探究天体运动的规律（圆周运动规律、万有引力定律）以及经典力学的适用条件。

选修3-1有两个主题与速度相关，分别是"电场"和"磁场"。带电粒子通过电场加速获得很高的速度，其方向可以通过电场而发生改变。在磁场中，带电粒子受洛仑兹力作用做匀速圆周运动，半径与粒子的速度大小有关。选修3-2与速度相关的主题是"电磁感应"，金属棒以一定速度切割磁感线产生感应电动势。选修3-3的"分子动理论与统计思想"指出，大量分子做热运动时的速率以一定的统计规律分布。选修3-4中的"机械振动与机械波""电磁振荡与电磁波"和"相对论"都与速度相关，其中电磁波和高速物体的运动已超出经典物理学的范围。选修3-5的"碰撞与动量守恒"是高中物理最后一个与速度相关的力学规律，碰撞中的速度以动量形式出现。

上述13个主题也是高中物理的主干内容，在不同阶段、不同运动情形中出现的"速度"，是人们对物体运动速度认识的不断深化。

二、"速度"的学习进阶

1. 速度概念的定义梳理

物体的空间位置发生变化叫机械运动，而位置变化的快慢就是速度的物理意义。要成为物理学上的速度概念，还需要进行"量"的规定，故引入速度的比值法定义。初中物理定义速度为路程与时间的比值，虽然可在一定程度上描述运动的快慢，但不能反映物体位置的变化情况，故高中物理将速度定义为位移与时间的比值，并引入速度的矢量性。从路程到位移到速度的矢量性，速度概念的内涵更丰富。物体的速度往往是变化的，上述定义的速度只具有平均的意义，如果要精确描述物体在不同位置的快慢，还需要扩展速度概念的外延。为此教材先定义平均速度，再将位移分割为很多小段，物体在每一小段内的平均速度就能更好地反映运动过程中不同位置的快慢，而且当小段位移无限小时（位移变为位置），对应的平均速度就是物体在那一位置的瞬时速度，这就是物理学意义上的速度，其大小表示物体运动的快慢，其方向就是运动方向。

被定义后的速度仍然是"纸面上"的概念，要成为物理量还需要实验测量。教材安排应用打点计时器测量速度的分组实验和运用光电门测量速度的演示实验，这两个实验都是测量平均速度，并且当选取的位移段很小时就可近似地测量瞬时速度。

至此，从观察位置变化以及变化的快慢抽象出速度概念，再到科学地定义，最后实现某种实际运动的速度测量，速度概念的建构过程才完成。

2. 速度概念的发展

圆周运动的快慢用"线速度"和"角速度"描述，其中线速度就是瞬时速度，角速度为单位时间半径转动的角度大小。由于速度的变化，需要引入新概念"加速度"描述变化的快慢，加速度的定义基础仍然是速度。速度、速度变化、速度变化的快慢三个概念的物理意义不同，对其正确辨析和区分将加深学生对速度的理解。与速度相关的概念还有动能和动量，它们从不同的角度描述物体的运动性。速度、平均速度、瞬时速度、线速度、角速度、速度变化量、加速度到动能和动量，反应速度概念内涵与外延的发展。

3. 速度的变化规律及描述

探究物体运动速度随时空的变化规律是"速度"教学的发展阶段，物体的运动类型有直线运动和曲线运动两种，相应的速度规律也不同。

（1）直线运动的速度。对于直线运动而言，速度随时间的变化规律可以用图像形象地描述，如图1直线运动速度变化所示，教材"运动快慢的描述——速度"和"用打点计时器测速度"两节，都要求用v-t图像描述物体速度的变化规律。理想条件下的直线运动有匀速直线运动和匀变速直线运动，其在v-t图像中的速度变化规律为一条直线，如图2匀速直线运动和匀加速直线运动的速度变化所示，对应的函数式为线性函数，表示如下：

$$v_1=C（常数），v_2=v_0+at$$

也就是说，匀速直线运动的速度恒定，匀变速直线运动的速度随时间均匀变化，即速度随时间按线性规律变化。

（2）曲线运动的速度。常见的曲线运动有平抛（或斜抛）运动和圆周运动两种类型。曲线运动的速度特点是方向一直在变化，无法用v-t图像描述。平抛运动的速度要通过运动分解来求解，有：

$$v=\sqrt{v_0^2+（gt）^2}，\quad \alpha=\arctan\frac{gt}{v_0}$$

速度方向可在运动轨迹上直观画出，如图3平抛运动轨迹所示，也可以用方向角表示。

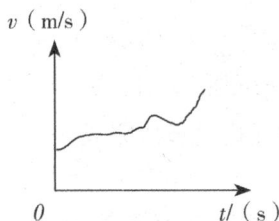
图1

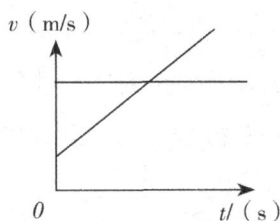
图2

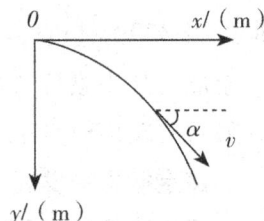
图3

在圆周运动中，线速度v是瞬时速度，角速度与转速的意义相同，都是描述物体转动快慢的，其关系为$v=\omega r$。匀速圆周运动的速度与向心力有关，表示为

$$v=\sqrt{\frac{F_n r}{m}}，\quad \omega=\sqrt{\frac{F_n}{m}}$$

4. 力学定律中的速度关系

物体在相互作用过程中速度往往会发生变化，描述速度变化的原因或前

后关系就是经典力学定理和定律的基本内容，与速度有关的主要规律如下：

（1）牛顿运动定律揭示速度的变化原因。牛顿运动定律指出，力是速度变化的原因，力是产生加速度的原因，牛顿第二定律表示为$F_合=ma$或$F_合t=mv_t-mv_0$。

动量定理是牛顿第二定律的另一种表达形式，它指出合力不为0时，物体速度将发生变化（产生加速度），并且合力的冲量等于动量的变化。

在直线运动中，合力使速度大小发生变化，速度方向不变。在曲线运动中，合力使速度大小和方向发生变化。合力越大，速度变化越快。圆周运动以"向心加速度"描述速度方向改变的快慢，公式为

$$a=\frac{v^2}{r}=\omega^2r$$

（2）动能定理的速度变化。不论物体做直线运动还是曲线运动，力做的总功等于动能的变化。动能的变化通常表现为速度的变化，这是从能量角度揭示速度变化的因果关系，表达式如下：

$$\frac{1}{2}mv^2_t-\frac{1}{2}mv^2_0=W_总$$

当带电粒子在电场中加速时，又可表示为

$$\frac{1}{2}mv^2_t-\frac{1}{2}mv^2_0=qU$$

动能定理反映了自然界中能量转化和守恒的规律，特别对于变力做功或曲线运动的相关问题，"能量方法"成为首选的解题方法。

（3）碰撞中的速度关系。当物体发生相互作用（碰撞）时，速度将发生变化，并且合外力为0或内力起决定作用时，系统的动量守恒，即$m_1v_{10}+m_2v_{20}=m_1v_{11}+m_2v_{21}$。

上述三条力学基本规律不仅描述了物体相互作用过程中的速度变化关系，同时提供了解决力学问题的两个基本方法：动力学方法和能量（及动量）方法。或通过力求加速度并运用运动规律解决问题，或依据力做功及能量的转化特点应用能量守恒或动量守恒解决问题。

5. 实际运动物体速度

自然界中的物体运动形式很多，高中教材关注的运动主要有如下形式：

（1）抛体运动。自由落体运动、竖直上抛运动都是匀变速直线运动，其

速度随时间线性变化。平抛运动、斜抛运动则是加速度恒定的匀变速曲线运动，速度大小与时间为非线性关系，方向时刻在变化。重力加速度反映了速度变化的快慢。

（2）天体的圆周运动。自然界中的行星、卫星（含人造）运动都可认为是匀速圆周运动，运行速度为

$$v=\sqrt{\frac{GM}{r}} , \quad \omega=\sqrt{\frac{GM}{r^3}}$$

天体运动所需的向心力为其受到的万有引力，运行速度与环绕半径及圆心处提供向心力的另外天体质量有关。

（3）高速带电粒子的速度。带电粒子经电场加速后获得极高的速度从而形成高能粒子。使带电粒子加速的装置有直线加速器和回型加速器。对于一定荷质比的带电粒子，在直线加速器中获得的速度与加速电压的平方根成正比，为 $v=\sqrt{\frac{2qU}{m}}$。带电粒子在匀强磁场中的匀速圆周运动是关注度很高的一种运动，其速率为 $v=\frac{qBr}{m}$，被回型加速器加速后粒子速度为 $v=\frac{qBD}{2m}$（D 为回型盒的直径）。高能粒子的获取、碰撞等研究是当今较活跃的物理学基础研究前沿之一。

（4）简谐振动速度。这是一种复杂的直线运动，以平衡位移为中心，物体的位移、速度和加速度的大小和方向都发生周期性的变化。位移、速度随时间按正弦（或余弦）规律变化，简谐振动的速度只需定性了解。

三、与速度概念关联的教学分析

如上所述，"速度"贯穿经典力学体系的各环节，与其他的运动概念和规律形成多种关联关系。在教学实施过程中，既要重视在同一知识体系内的概念关联，还要重视对物理学基本方法的关联。

1. 构建速度概念的方法关联

概念教学遵循从具体到抽象再到具体的原则。物理量的构建除了要进行科学的定义之外，还需要进行实验测定，这是物理量的特质。在速度概念的构建过程中，首先从生活经验中抽象出其物理意义，然后定义速度概念，从速度到平均速度再到瞬时速度逐级深入，最后进行实验测量，每一环节都不

可或缺。压强、位移、加速度、电场强度、电势差、磁感应强度等物理量都是按这样的路径构建的。

2. 速度在力学规律中与其他概念的关联

牛顿第二定律使力和速度产生关联，合力的冲量等于动量的变化。不论直线运动还是曲线运动，分析力及其产生的加速度、分析运动过程、分析速度和位移的变化是动力学方法的基本线索。动能定理建立了功、动能、速度、位移和力的因果联系，做功导致动能的变化，特别对于曲线和变力作用下的速度问题，应用动能定理几乎是解决此类问题的最佳方案。当存在多个物体发生相互作用（碰撞）时，动量守恒定律则建立了作用前后的动量、速度的联系。

3. 测量速度实验对实验方法的整合

速度是瞬时量，可采用直接测量和间接测量的方法测量。在不同的教学阶段测量的方法不同，最基本的方法是用打点计时器和光电门测量平均速度，再过渡到测量瞬时速度。特别是打点计时器的实验，在研究匀变速直线运动、验证牛顿运动定律、探究动能定理、验证机械能守恒定律时反复使用，成为高中力学的主要实验。用光电管（气垫导轨）和超声波等手段测量瞬时速度（或加速度）是应用新技术提高实验精度的方法，本质上与打点计时器实验的原理相同。用平抛运动原理测量速度的方法是准确测量瞬时速度的简便方法，可用于验证动量守恒定律，也可间接测量弹簧的弹性势能（机械能守恒）。高速带电粒子的速度可通过测量其在匀强磁场中的运动直径而获得（质谱仪）。高中物理实验都是定量实验，都需要进行数据的选取和处理，而测量速度的数据处理方法又是处理物理实验数据的基本方法。因此，完成每一阶段的速度测量实验是知识和方法的深化过程，应该成为教学上的自觉，而不能敷衍了事。

4. 速度规律对数学方法的整合

运动规律主要表现为速度规律和位移规律，函数式和图像在描述运动规律中具有同等的重要性。图像可简单直观地表现速度的变化趋势（但不准确），而函数式可准确反映变化规律（但不直观），函数式和图像相互补充才能完整地描述物体的运动规律，这也是所有物理规律的表示方法，也是物理中的数学方法。因此，运动规律的数学描述具有数学方法上的意义。

在学科核心概念视角下建立以速度为线索的教学，以速度连通力学知识体系，使学生零散、零乱的知识和认知方法得到整合，促进学生对力学知识体系的把握与认识的深化。

参考文献：

［1］张玉峰，郭玉英.围绕学科核心概念构建物理概念的若干思考［J］.课程·教材·教法，2015（5）：99-102.

［2］范增.我国高中物理核心概念及其学习进阶研究［D］.重庆：西南大学，2013.

［3］中华人民共和国教育部.普通高中物理课程标准（实验）［M］.北京：人民教育出版社，2003.

［4］教育部考试中心.2015年普通高等学校招生全国统一考试大纲（理科）［M］.北京：高等教育出版社，2015.

［5］人民教育出版社课程教材研究所.普通高中课程标准实验教科书物理1［M］.北京：人民教育出版社，2010.

［6］潘仕恒.平缓铺造高中物理的初始台阶［J］.现代中小学教育，2014（6）：55-57.

高中物理分级教学方案概述

一、概要

2009年作者开始研究基础薄弱学生的教学问题，2012年提出"分级教学分级评价"的设想。先后承担省、市教育科学"十二五"规划课题，就"分级教学分级评价"进行了深入的理论及实践研究，共发表研究论文11篇，形成"面向低生源组学校的高中物理分级教学方案"，2015年获广州市教学成果奖。再经教学检验、修正和理论提升，2017年形成"高中物理分级教学方案"。2017年5月至2019年5月，完成对该方案的教学检验。

本方案依据SOLO分类评价理论构建，将教学过程分为三个等级：一级教学使学生的认知结构从前结构上升到多点结构，学习水平由"不懂"到"会"，这是教学的基础环节和初级阶段；二级教学使学生的认知结构从多点结构上升到关联结构，学习水平由"会"到"熟练"，这是教学的中级阶段；三级教学使学生的认知结构由关联结构上升到拓展抽象结构，学习水平由"熟"到"巧"，这是教学的高级阶段。

在教学操作中，以目标为导向，按学生层次与教学等级相对应的原则实施教学。对于学科基础薄弱或中等的学生，着重实施第一、二级教学。对于物理学习能力较强的学生着重实施第二、三级的教学。基于SOLO理论的分级教学结构如图1所示。

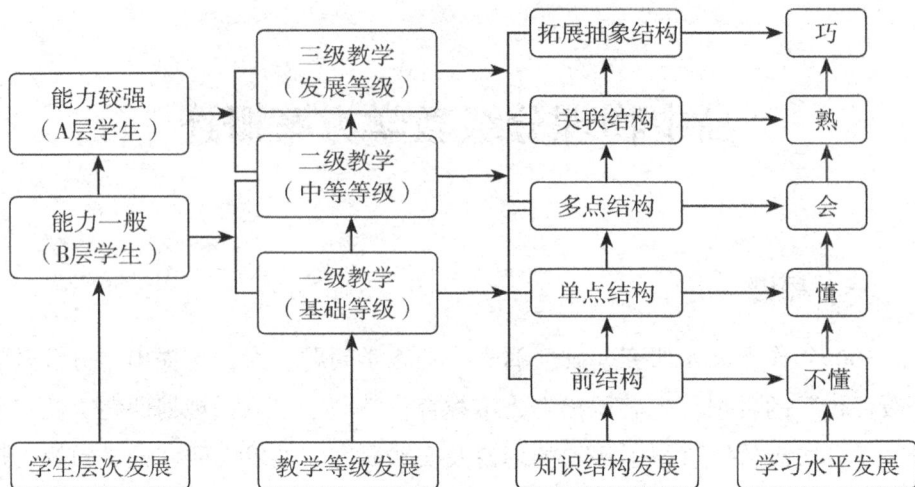

图1

本方案历时十年，经过反复修正后形成，对提高中等层次学生的学业成绩有重要作用。

二、解决的主要问题、解决问题的过程与方法

本方案针对物理教学中存在的问题，以先进的教育理论为指导，对传统教学过程进行科学有序的重新建构，通过分级教学策略，使知识逻辑、个体差异和个人发展需要有机地结合起来，在逐级递进的教学等级发展中，为不同层次学生提供适合自身发展的路径。方案对摒弃过度教学、减轻学生过重的学业负担、回归正常教学生态产生了积极的作用。主要过程和教学策略如下。

1. 基于分级思想的教学设计

依据课程标准，以培养学生学科核心素养为总目标，对物理概念和规律进行知识等级分析，明确其在所在章、节、单元和高中教材中的地位和学习进阶，区分新课教学、实验课教学、复习课教学等课型的知识逻辑，完成不同层级的教学设计。

2. 教学内容的呈现和分级学案的编写

教学内容与教学组织通过学案呈现，学案是分级教学的主要载体。学案的内容包括课堂内的"导学"和课堂外的"导练"两部分。学案呈现的学习

过程（逻辑）按前结构、单点结构、多点结构、关联结构和拓展抽象结构的层次递进展开，以满足不同层次学生的课内和课外需要。学案又是不同层次学生重要的课外学习教辅资料，是基础薄弱学生通往学科核心素养的重要台阶。

3. 教学等级的选择

依据学生的物理学习能力和个人发展需要，选择适当的教学等级开展相应的教学活动。对于基础薄弱的学生，着重完成一级教学，部分可发展到二级教学，以确保学科核心素养目标的高水平实现。对于物理学习能力较强、需要继续发展兴趣潜力并以升学为主要目标的学生，在完成第一、二级教学的前提下，继续进行第三级教学，进一步发展拓展抽象结构，实现课程的更高发展目标。

4. 课堂教学的分级

根据教学内容的级别和学生层次及需要实施相应等级的课堂教学。分级教学的课堂表现形式可灵活多样，讲授式、合作式、探究式、体验式等都可以成为教学形式。

通过实施上述四个阶段的教学，重建物理教学的秩序，使知识以更具有逻辑性的方式呈现，施教不同层次的学生，对解决物理教学中存在的问题，特别对中等层次及薄弱学生的学习产生重要的作用。

三、成果创新点

1. 本方案是SOLO分类评价理论在高中物理教学上的创新性应用

比格斯（John B.Biggs）创立的SOLO分类评价理论越来越广泛地应用于基础教育的多个学科教学中，但在高中物理教学中的应用还不多，本方案是一个很好的探索。

2. 重构科学有序的物理教学过程

当前高中物理教学的正常生态环境存在如下问题：①教学秩序性不强，盲目"拔高"，过度教学现象严重；②"跟风"教学，盲目模仿名校教法和教辅资料，使普通学生物理学习艰难；③教辅资料偏难，中等层次或基础薄弱学生几乎无书可用。本方案是对上述教学乱象的反正，从教学内容、教学过程、教辅资料等方面，重塑课堂教学逻辑，建立循序渐进、科学有序的物理教学秩序，使更多的学生进入物理学殿堂，接受人类最优秀文化的熏陶。

3. 满足学生的学业选择需要

根据个体能力的差异及兴趣和需求，一部分学生只需要完成一级教学，就可形成满足终身发展需要的物理核心素养；一部分学生对物理的感悟或学习能力较强，则进一步实施二、三级教学，上升到关联结构和拓展抽象结构，为升学或职业发展积累能力。另外，分级教学对培养学生学科核心素养、对当前的新高考改革具有重要的意义。

4. 本方案是对高中物理教学的研究成果，有较高的价值

研究者历时近十年，经过市和省"十二五"规划课题的研究，发表11篇研究成果，历经反复的教学实践、修正和理论提升等阶段。研究成果都在中学物理的主流期刊上发表，有两项成果被中国人民大学资料转载，成为我国高中物理教学成果的组成部分。

四、教学相长

本方案的研究方法，如对教材的分级研究方法、分级学案的编写方法，对分级教学的操作等对高中物理教学有方法上的意义，对教师的专业化发展有重要的影响。

分级教学方案使教学活动的"教"和"学"精准对应，各层次学生的学习台阶平缓，学有方向，学有资料，学有方法，学有所成，学有信心，促进了物理学业成绩的提高。为学生量身定做编制的分级学案资料系列，成为中等及以下层次学生的重要教辅资料。

总而言之，本方案促进了各层次学生的"学"，促进了教师的"教"，促进了教学相长。

五、本成果的实践检验

本成果应用于研究者所任教学校的全部学生，并在部分学校同步实验。我校为广东省一级学校，广州市首批示范性普通高中，全校有36个高中教学班，每年级12个班。

实践检验期分为三个阶段：第一阶段为2013年1月至2015年9月，为期近3年。期间通过承担广州教育科学"十二五"规划课题等方式对方案进行实践研究，经历3次区、市统考和2次高考。不同层次学生的学业成绩得到较好的发展，统考平均分大幅度提高，2013年和2014年连续获广州市物理科高考突出贡献奖。

第二阶段起止时间为2015年10月至2017年4月。期间通过承担广东省教育科学"十二五"规划课题，继续对方案进行实践探索、理论提升，归纳形成"基于SOLO理论的高中物理分级教学方案"，2015年12月获广州市高考突出贡献奖（物理）。

第三阶段起止时间为2017年5月1日至2019年5月31日，这是修正后形成新方案的主要实践检验期。这期间分级教学方案成为我校物理学科的共同教学方案，学生学业成绩继续得到较快的提高。2017学年、2018学年在全区期末统考中成绩突出，2018年获得白云区高考突出绩效奖。这期间完成了基于人教版教材全部必修课程和选修3系列分级学案的编写，并在全校各年级的常规教学中全面应用。

六、反思

本方案以前沿的教育理论为指导，教学针对性强、操作性强，对高中物理教学具有借鉴、推广的价值。教学实施过程中，分级学案客观上成为中等层次学生循序渐进学习物理的重要资料。

此方案主要是在作者所在的学校应用，普适性有限，需要做推广。基于核心素养、对不同阶段的教学分级仍需进一步完善和提高，分级教学更深层次的理论研究仍需加强。

我的分级教学研究

德育工作

作者从事的专门德育工作包括任学校团委书记（9年）、班主任（6年）和级长（1年）。共青团工作只留下早期写的一篇文章，但因不太成熟未收录。以下收录的是班级工作计划、总结以及学生的成长跟踪。

2003学年上学期班级工作计划

一、总体目标

使学生具有热爱祖国、拥护社会主义、为人民服务的思想和为实现社会主义现代化而奋斗的志向，具有良好的道德品质和文明行为，具有诚实正直、自尊自强、勤劳勇敢、开拓进取等品质和较强的道德判断能力及自我教育能力，成为有理想、有道德、有文化、有纪律的社会主义公民。

二、班级目标

（1）培养良好的班风学风，控制违纪次数，本学期评上文明班级。

（2）使学生思想品德考核100%合格，90%以上达到优秀水平。

（3）中段考及期末考成绩进入年级物理班前50名15人以上，前120名30人以上，前200名48人以上。

（4）无严重违纪事件和责任性的安全事故。

（5）争取有更多的学生获得奖学金、"三好生"。

（6）学生的思想品德、学习成绩都得到提高。

三、工作重点

（1）从强化学风教育入手，加强成人与成才的教育。加强学风教育，将学生的思想和行为引上勤奋严谨、刻苦钻研的学习轨道上来。对尖子生，鼓励他们勤奋学习，立志成才；对学困生，帮助他们克服畏难思想，增强学习信心，努力提高学习成绩。

（2）培养班集体意识，努力创建团结友爱、互相帮助、思想活跃、勤奋拼搏、认真钻研、你追我赶、不断上进的班集体，增强班集体荣誉感和团队精神。

（3）培养好班团干部，对他们进行工作方法指导，关心他们的学习，鼓励、支持他们大胆工作，发挥骨干带头作用。

（4）耐心细致地做学生的思想指导工作。开学后两周内，与全部学生谈话一次，了解他们的思想、学习、生活情况，做有针对性的教育工作。

（5）加强学法指导。针对高二分班情况及物理班学习特点，做好不同科目的学法指导，帮助学生做好学习时间上的合理安排，提高学习效率。

（6）实行纪律值周制度。班级学生分成9个值周小组，由一名班干部负责，对本周的纪律、卫生方面进行检查、监督，及时将情况通报给班主任。

（7）实行品德量化考核制度。

（8）及时做好总结交流工作。对每阶段的学习、纪律、生活进行小结，表扬先进。段考和期考后，举行学习经验交流活动，对德智体美劳全面发展的学生进行表彰、奖励。

四、班会课安排

1.“如何开始高二生活”——高二学科学习特点分析

语文、英语为语言科目，重在积累，多读、多记、多写成为学习共性；数学、物理科以演算为主，通过大量的解题训练使知识转化为应用技能；高二更接近高考、更具复杂性，轻松、侥幸学不好功课。

2.制定“我的奋斗目标”

要求每个学生围绕下面三方面的问题，写出“我的奋斗目标”，文章不得少于300个字。①确定自己的奋斗目标：重点线、本科线、（省）专科线；

②实现目标的优势（指学科）与不足分析，需要老师、同学和班级哪方面的帮助；③今后的努力方向。

3."做一个负责任的人"

对自己负责——对自己的前途负责，对自己的形象、言行、修养负责；对他人负责——关心、理解、体谅他人；对家人负责——以自己在品德、学习、生活上的进步让父母放心。

4."学会管理与被管理"

每一个人都会成为被管理者，也会成为管理者。如何接受别人的管理，如何管理别人，要在学校中学，要在日常生活中学。

5."做一个有教养的人"

你认为现代人应具备什么修养？尊老爱幼、尊重女性、注重形象、有知识有文化是有教养的人的共同素质。

德育工作

2006届高三（2）班工作总结

本人担任2006届高三物理班的班主任工作，在班级管理中，开展针对性强的管理工作，取得了较好的效果。下面是这一学年的主要工作。

一、坚持开展点对点的思想教育工作

每个学生不论成绩好坏，都有自己的理想，而他们的未来职业、人生发展方向在高三阶段初步成型。因此，高三班主任的工作是帮助学生设计、规划人生发展方向，促进个人目标的最大化实现。由于学生的知识能力、身心发展、个人目标都不相同，思想教育工作的方法应该是点对点，工作重点要放在个别谈话、个别教育中。我坚持每个月跟每个学生谈话一次，谈目标、谈勤奋、谈学习方法、谈成绩、谈学科平衡、谈缺点、谈信心、谈应试技巧。每次谈话对学生都是一种督促、一种鼓励，一次温暖，是向目标的又一次靠近。谈话工作花费了大量的时间和精力，但也换来了学生成绩的长足进步。

二、关注班级薄弱科目的提高

接手班主任工作后，我对该班在高二学年、高三学年的每次月考成绩进行了详细的分析，包括班级平均分、班级整体学科的地位以及每个学生每学科的地位。对学生的重点线潜力、本科潜力和专科潜力及有效上线分数等进行了分析，了解了全班和每个学生的优势科目、薄弱科目状况。班级学生的薄弱科目是语文和英语，语文、英语的提高是一个长期的过程，往往学生花了很多时间却没有立竿见影的效果，会觉得烦躁、信心不足。因此，我的主要工作是协助科任教师做思想鼓动工作，鼓励学生：人文学科的学习是一个长期积累的过程，功到自然成，要有毅力和足够的耐心。平时积极协助科任教师了解学生的学习情况，做到心中有数。每次月考我都重点总结这两个学科的得失，表扬进步的学生。根据英语科的特殊情况，在市一模后，我与科任何教师商量，组织学生晚读（每周两次），学生看到老师如此努力，受到鼓舞，积极配合。由于师生的共同努力，这两科的高考成绩（平均分）都超过500分（标准分），学生成绩进步之大超过我的预想。

三、做好后期的调控工作

高考前的最后一个月是整个高三阶段的非常时期，如果调控不好，将前功尽弃。我的调控工作主要有如下几方面。

1. 保持正常的学习秩序

正常的学习秩序是保证复习效率、稳定军心的关键。由于学生能力形成的过程缓慢，最后20多天依然是提高能力的宝贵时间。特别是5月中旬起，学生觉得越来越疲倦，心情开始浮躁，高考目标清楚，但学习目标变得模糊，学习效率变得低下。因此，我不允许学生有放松的情绪和行为。我每天都到教室巡看学生，维持学习秩序。学生看到班主任站在讲台上，会觉得今天和昨天是一样的，学习氛围没有异样。内紧外松，良好的临战环境就这样悄悄营建。

2. 努力使信心与日俱增，心态向高考自然过渡

市一模后，班级学生的成绩出现明显的上升现象，一个上升的班级完全可以在高考中把成绩提高到顶峰。我不断鼓励学生，并且在临考前几天，把自己对班级的信心和信念明确地传达给学生，学生情绪振奋，备考的气氛更浓厚了。学生有一种跃跃欲试的欲望，也暗暗使劲，想在高考中证明自己的能力。

3. 做好应考细节训练，保证学生在考场上训练有素

6月3日，我和（1）班刘老师请心理学许老师对两个物理班做了一次应试心理讲座，希望学生在考试中遇到困难时，能想起心理老师的忠告，顺利渡过难关。我则对学生三天的考试时间做详细的规划和安排，使每个学生知道各个时候、每个环节该做什么、不该做什么，以从容的心态、有逻辑的秩序度过艰难的三天。

2006年高考，全班54个学生有20人考取本科线、17人考取专A线，14人考取专B线，本科上线人数全校最多，共有51名学生欢天喜地地拿到了大学录取通知书。看到多数学生的前途有了归宿，我心中感到一种宽慰。孔子说"有教无类"，今天倡导教育新理念——面向全体学生，就是要使每一个学生都能从教育中找到人生的方向并在未来更好地立足。

德育工作

　　总结：我于2004年12月调入广州市，2005年8月接手该班的班主任工作。当时广东的高考模式是"3+X+理综+大综合"，学生按报考的科目分班，如当时有物理班2个，化学班2个，生物班3个，还有政治班、历史班和地理班等。由于我校层次不是很高（省一级学校），学校领导采取"赛马策略"，综合成绩好的学生多数选报化学班，物理班为第二层次。但最终的高考成绩是两个物理班每个班有20人上本科线，化学班每班都不超过10人。物理班由我和我的徒弟刘涛老师带，教学和班级管理工作他都紧紧地跟着我。我从重点高中分管教学的副校长任班主任，采取了很多成绩分析、教学调控手段，取得这些成绩没有太大的意外。

班主任的点滴回忆

1994年3月的一天早上，我在学校饭堂吃完早餐，正赶往教室去上第一节课。半路上碰见樊校长，我和他打招呼。他突然把我叫住，开门见山地对我说："你去做192班的班主任，学校把这张白纸（问题班）给你，你要把它画好！"当时我没多想就答应了，然后匆匆去上课。

这是一个"问题班"，有4名学生刚刚受到学校的严厉处分，班级人心浮动。我工作九年了，只有两年的班主任经历，担任学校团委书记已八年，对带好这个班，我还是有点自信的。第二天我正式到任，同时，新官上任点了三把火。

第一把火，重建班团干队伍。我首先指定成绩优秀、责任心强的学生组成班委，然后指导团支部将成绩优秀、责任心强的团员选举为团支委。对原来的班、团干，我做好安抚工作，鼓励他们努力学习，提高自己的学业成绩。第一学期每周的周日晚上，我都召开班团干会议，先是干部汇报上一周情况，然后我布置下一周工作，同时对班团干进行工作方法培训。这一把火就是树榜样，把成绩优秀、责任心强、热心助人的学生树为班级的榜样。

第二把火，重塑家长和学生对班级的信心。由于原来班级比较乱，人心不稳，不少家长要求子女转班。我抓住即将召开家长会的机会，从接待工作开始，要求全班学生以新面貌、新姿态欢迎家长的到来。我和学生把教室布置得焕然一新，教室的课桌椅整齐划一，每个学生的桌子上放一个给家长喝开水的杯子（口盅），并且杯子也整齐划一。接待组在楼下引导家长，把每一个家长带到教室，我则在教室门口迎接家长。很多家长被眼前的阵势震惊了，我从他们的脸上读到了一些异样，那是悬挂的心放下了稍许的表情。

第三把火，上好课。高中生已有较强的判别能力，特别是重点中学的学生，对教师的教学水平有更高的要求，上好课才会激起学生的共鸣。

班级稳定后，我把主要精力放在了学生管理上。我对班里每一个学生的家庭情况（家庭地址、经济状况、社会状况、父母职业）、品德状况（性

德育工作

格、为人等）和学习状况都了如指掌，思想工作的针对性极强。毕竟是重点中学的学生，整体素质较好，他们更关注学业成绩的提高，至于班里的少数"刺儿"成不了气候，他们最终会被全班的优良班风所感染。我给自己定下了工作底线：班级困难自己应对，决不因为学生违纪、被批评而通报家长或通知家长来校，我把班级管理的重点定为学习管理。

我几乎每天晚上都去看学生，几乎每天都找学生谈话。一个月下来，每个学生都谈话一次。谈话的格式是：学生先报告这一段时间以来自己的学习状况，如有进步吗？作业完成情况如何？测验分数如何？进步或退步？哪一些科目困难较大？与学生一起想办法解决。谈话都是学习方面的，从没有批评。对于责任心很强的班团干，则给予足够的保护，不能因班级工作影响了他们的学习。班级管理事务主要由我自己承担，不会丢给班团干。我把学生当成需要帮助的朋友，以赢得他们的心。

一年半的全身心投入，这个班的面貌发生了根本性的变化。1995年的高考，我们班成为普通班中成绩最好的班：全班都上了大专以上的线，多人考取重点大学。其中1人考取清华大学，1人考取北京师范大学，2人考取中山医科大学，2人考取华中师范大学。现在，有部分学生在澳大利亚、加拿大、阿拉伯地区、东南亚工作，大多数则在国内工作。他们当中有顶尖的IT精英，有设计院的工程师，有高校教师，有军队的中高级军官，有乡镇主要领导，有警长，有三甲总医院的医生，有示范性高中的教师，有普通公务员、初中教师、村委会主任，有基层单位的工作人员，有精明的商人。

2019年8月初，他们举行毕业二十四周年聚会。尽管岁月已在他们的脸上刻下了不浅的印痕，但那发自内心的笑容使我感受到了教育的价值和成功！

二十四年后的跟踪

我认为，教师和学校的责任不只是把学生送走，更有意义的教育成果是他们走向社会后的生存及生活状态。我担任班主任的武鸣高中192班于1995年高中毕业，在2019年8月毕业二十四周年纪念活动上，我最后一次向他们布置作业，并由班委代收集。以下是这个班部分学生在高中毕业二十四年后的状况。

（1）隆锦胜，男，考取清华大学工程物理系，1995—2002年，在清华大学工程物理系核物理专业求学七年（本科、硕士），现在澳大利亚定居。在澳大利亚NWO集团任产品总监。

（2）韦冰卓，女，考取北京师范大学，目前在上海益高信息技术有限公司上班，主要工作地在南宁。公司的主要客户是金融保险行业的公司和政府、企业、单位，主要产品是电子印章系统和手写签名产品，为企业提供电子印章管理和线上用印方案咨询和实施。目前主要负责某个产品线的开发和运维管理工作。

（3）李涛（班长），女，考取中南民族大学通信工程专业，现长居迪拜。当年因为高考时发高烧，高考失利，多年来一直觉得高考是一生最大的遗憾。可是，人生只是一条单行线，努力不能改变过去但可以改变未来。

大学毕业后，一开始在广西联通工作，先在通信机房做了三年技术工作，后来转到业务管理部门，负责公司的电话营销、电子渠道（如网上营业厅、手机营业厅等）建设。工作几年后，心中一直向往更大的舞台，2002年考取北京邮电大学研究生，获得硕士学位。2010年应聘中国联通总部，从全国3000多竞争对手中脱颖而出，到中国联通总部后，在电子渠道部负责业务管理及宣传工作。在北京工作期间，借助总部平台，工作层次和工作面都豁然开朗。曾负责联通公司在央视的广告宣传片，打通联通与腾讯、微信的接口，实现了传统通信企业与新兴互联网企业之间的交费、查询等便民应用。

2014年，因为先生一直长居迪拜，考虑到事业发展、孩子未来教育等因素，辞去了中国联通的工作，全家到阿联酋迪拜定居。在迪拜，经营一家国际贸易公司，在沙特、埃塞俄比亚、吉布提、尼日尔、中国香港都设有分公司。主要为参与一带一路建设的多家中国工程企业（如中建、中交、中土、电建、中石油等）提供物资供应，业务范围覆盖东南亚、中东、非洲等多个国家。参与物资供应的主要项目有中国在吉布提的国家项目、非洲蒙巴萨到吉布提铁路、埃塞俄比亚首都国际机场、吉布提港口、伊拉克中石油哈法亚项目等。同时，也深感中国企业在海外市场的竞争力还比较弱，所以也在想办法把中国一些好的产品带到更多的海外项目中。

也许，很多人心里都会认为"无商不奸"，但是"诚实、守信、有所为、有所不为"一直是奉行的信念。从小学到大学，是国家给了完整的教育，从老师、同学身上传承下来的这种信念永远不会改变。未来，将会尽所能，继续为中国的一带一路、国家的繁荣富强添砖加瓦。

（4）黄堂宝，男，考取中南民族大学，目前在加拿大定居，主要工作情况：就职于加拿大蒙特利尔爱立信，担任物联网和云计算资深构架师，主要负责爱立信全球市场信息化数字运维系统产品开发，北美物联网、车联网项目的售前、售后及项目构架设计、优化和实施；带领基于中国、印度、瑞典、加拿大和美国的50人研发和系统分析及集成团队进行本地或云部署；对物联网、车联网大数据采掘和结合人工智能分析帮助客户实时远程设备管理、监控并为客户领导提供决策依据。至今帮全球50多个客户和地区签订上千万美元的合同并提供技术咨询服务，包括中国电信、苏丹MTN和Zain、塞尔维亚电信、沙特STC及美国的T-Mobile、AT&T等电信运营商。

（5）彭文坤，男，考取中国人民解放军郑州高炮学院，1999年被分配到广州战区工作。当过排长、连长、营长等，当过机关的参谋、科长等，曾到过海军和空军部队代职，2014年起任团长，上校军衔。

（6）农绍斯，男，考取合肥工业大学交通土建专业，主要工作情况：路桥设计管理及审查；职务及职称：路桥高级工程师；主要工作地：广州；主要工作描述：路桥施工、设计及管理工作。

主要业绩描述：①武汉军山长江大桥（施工）；②沿江高速常熟段（施工）；③参与广明、广河、江番、广连及广乐等高速公路的设计；④参与多项国道、省道及县道的新建及改建工程设计；⑤负责高明区高明大道沿江路口立交、梨市互通主线特大桥、人和大桥、大石大桥等多项工程设计；⑥负责多项双曲拱桥维修加固、桥梁防撞设施工程设计；⑦作为甲方负责花都大道快速化改造、机场北进场路（花都大道—山前旅游大道）现场管理；⑧负责多项涉铁工程的设计管理及图纸审查等工作。

（7）阮瑞英，女，考取华中师范大学，目前在广东顺德一高中任信息技术教师。前半生被见识和眼界所误，没有做好人生规划，生活安逸没目标，努力没延续，至今仍是碌碌无为。步入不惑之年后感觉生活经历过于空白，人际圈固定不变，跟社会脱节严重，于是，在生二宝后业余进入相关母婴及家居生态环保用品行业，觉得米菲产品的品质好模式好前景好，现在兼职米菲产品代理。

（8）梁汉卫，男，考取华中师范大学，大学毕业后，做中学生物教师三年，做乡镇团委书记两年，后弃笔从商，北上山东，南下琼州。2017年返乡任村委会主任。毕业二十余载，现回头仔细思量，同窗春秋各异，前途各异，皆因沉心执着，厚积薄发，乃有当世之成就。当反思，勤恳从事，既选之则好之，既好之则努力之。

（9）李志刚，男，考取中山医科大学，现工作于广东省广州监狱医院，任二级警长。大学毕业后在广西壮族自治区人民医院工作（眼科、视光中心），2008年被录用为广东省监狱管理局公务员，先在广东省怀集监狱医院工作。早期工作涉及眼疾病医疗、眼镜行业，现工作为另类人群躯体及灵魂治疗师。

（10）王威权，男，考取中山医科大学，2001年毕业至今，一直在广西民族医院急诊科从事临床医学工作。

（11）李美庭，男，考取广西民族大学。大学毕业后，曾任过初中教师、职业高中教师。2001年到武鸣县人大常委会工作，历任机要员、秘书科副科长；2007年起，挂任武鸣县陆斡镇党委书记助理、灵马镇指导员、马头镇党委组织委员、罗波镇党委组织委员，2013年任罗波镇副镇长，现任甘圩镇人大主席、党委副书记、工会主席。

（12）王崇锦，男，考取广西体育专科学校，现任南宁市公安局武鸣分局某大队的大队长。毕业二十二年，六年在基层派出所，九年在刑侦队，七年在禁毒大队。小到邻里纠纷，大到刑事犯罪、制毒贩毒的大案要案，无不是工作的对象。受过奖，立过功。从普通一线民警到中队长、副大队长、政治教导员、派出所所长、大队长，一步步走来，不忘初心，牢记使命，全心全意为人民服务，保一方平安。

（13）韦诚，男，考取西南林学院（现西南林业大学），毕业后被分配到武鸣县朝燕林场工作，先后担任技术员、分场副场长。2003年通过自治区招考加入森林公安队伍，任武鸣县朝燕林场派出所民警，2009年转入武鸣县森林公安局（现更名为南宁市森林公安局七大队），负责两江镇、马头镇、陆斡镇、罗波镇涉林刑事案件侦办。党的十八大以后，生态文明建设被提升到国家战略高度，在岗位上虽没做出什么突出成绩，但还能为生态安全贡献自己微薄的力量，也期待老师同学们多方协助，共筑国家绿色长城！

（14）卢丽霞，女，考取广西工学院计算机及应用专业，主要工作情况：大学毕业后任南宁市武鸣县工商局办公室科员，后任人事股副股长（党办副主任）、企业注册与个体私营经济管理股股长。2019年到武鸣区文化广电体育和旅游局工作，任广电股股长，主要负责城区广播电视播出机构、广播电视节目传送及广告播放等业务的监督管理，负责广播电视节目传播覆盖、监测和安全播出监管，负责对卫星接收设施和境外卫星电视节目监管，推进城区广播电视基础设施建设等重大工作，同时协助局党建办、行秘股开展各项工作。

（15）韦耿新，男，考取桂林工学院（现桂林理工大学）给水排水工程专业，毕业后到贵港市政建筑工程公司任施工员，从事道路及给排水工程施工，2001年到南宁职业技术学院建筑工程学院任教师，主要教授CAD制图、安装工程预算、市政工程预算、土建工程预算、钢筋工程算量，现主要研究BIM工程建模及工程应用。深感知识不够用，于2012年考取广西大学土木工程领域（结构方向）研究生，取得研究生学历，并于2018年12月完成学位论文取得硕士学位证书。

崇尚学以致用，教学之余进行给水排水工程设计，自学电气工程设计及建筑工程设计，独立主持过多个建筑项目的工程设计，多个乡村道路改造工程的设计、预算工作。主持过隆安那桐经济开发区污水处理厂扩建改造工程，主持过南方电网桂林拓展中心大楼加层加固工程，能独立处理工程加固等工程问题。人生应该不断学习，学以致用，在帮助别人解决问题中实现自身存在的价值。希望同学之间多互相帮助，共享信息，一起交流，共同进步！

（16）莫秋兰，女，考取广西师范大学，现在中国联通南宁市西乡塘区分公司，主要负责西乡塘区所有机关单位、国有企业、单位客户、中小企业用户的信息化业务拓展，除基础电信移网、宽带、专线及电路外，还包括云计算、物联网、大数据、信息安全等技术创新业务，业务领域涵盖系统集成、软件开发、服务外包、产业咨询及IT产品化服务。

（17）丁旗，男，考取苏州丝绸工学院（苏州大学）工业自动化专业，毕业后在上海台企工作约一年后到广州番禺区工作，从事酒店餐饮、空调及供热设计和厨具设备生产。2009年离职后与几个同僚合资建厂，专业生产中西餐厨具设备。期间投资开过芭蕾舞蹈学校、咖啡馆、茶餐厅、日式料理店。人到不惑，冲劲依然。

（18）黄妹萍，考取广西师范大学数学系，大学毕业后一直在武鸣高级中学任教，带过多届高三，成绩优秀。指导过的陈迪嘉同学考取北京大学，何明同学考取中国人民解放军航空航天大学（空军飞行员），邓林泽同学考取北京航空航天大学。二十年来，工作并快乐着，因为学生在教师心中，教师在学生心中！

（19）梁爱荣，女，考取广西大学，工作单位：南宁市武鸣区住房和城乡建设局。大学毕业后一直在武鸣区住房和城乡建设局工作，主要工作是市政、园林等管理，是园林工程师。

（20）邓平新，男，考取广西农业大学，土壤与农业化学本科，大学毕业后到武鸣县农业局下属单位上班，后到南宁经商，从事互联网上网服务行业，经营KTV娱乐服务场所。现在高新区火炬公用事业公司工作，监管高新区城市照明设施、市政（部分）设施和国家储备地。

（21）陆珊英，女，考取广西农业大学，现就职于武鸣区水产畜牧兽医技术推广站。工作主要是负责畜牧兽医技术的指导、咨询和服务，畜牧新技术、新品种引进推广，畜禽品种改良，动物疫病防控，武鸣畜牧生产调查，为武鸣的畜牧业生产发展服务。

（22）危玉琼，女，考取西南林学院林学专业，在林业站从事基层林业工作，林业工程师，和学生时代一样，一直是一个默默无闻的林业工作者。

（23）黄剑然，男，考取柳州师范高等专科学校，大学毕业后一直在马头镇中心学校任教至今。

（24）潘保陈，男，毕业于广西民族大学，大学毕业后一直在武鸣县太平镇太平中学教书。

（25）何秋金，女，考取南宁市教育学院数学与应用数学专业，毕业后先后在武鸣县灵马镇第二初级中学、甘圩镇初中、南宁市经开区平阳小学任教。2012年离职，闲暇之余，自修心理学、青少年儿童正面管教，参加相关培训班学习，期待有一天，能在青少年儿童教育方面有些许的成就，以聊慰此生。

（26）谢作仁，男，考取广西工学院汽车工程系，主要工作情况：2001至2010年于深圳历任深圳都通丰田技术培训讲师，深圳五洲龙汽车公司总装车间主任，西飞沃尔沃客车华南区技术总监，奇瑞华南区售后经理，2011年至今在任越南北方汽车制造有限公司董事长助理兼厂长，负责整厂筹建及全面建设工作。

（27）苏平，女，考取广西大学，大学毕业后进入武鸣县供水公司至今。工作岗位是水泵运行工，为县城几万居民提供生活、生产用水。

（28）易星，女，考取广西经济管理干部学院，助理会计师职称。大学毕业后一直从事会计工作，先后在广西武鸣栲胶厂、武鸣供电公司下属第三产业、广西常宝生物技术有限公司等单位担任会计。

（29）滕典夏，男，考取广西大学，现今在贝尔公司任职，主业为光传输及路由器设备调测。做过安哥拉电子投票系统、印度新德里电力系统线缆温控系统等项目。

（30）梁荣强，男，考取广西大学农学院农学专业，至今仍在武鸣香山糖厂工作。

（31）卢品臣，男，考取广西农业大学，毕业后一直从事果树种植管理工作，目前在广西八桂田园从事果树种植管理，主要种植有阳桃、青枣、柑橘。

（32）陆建亮，男，计算机科学与技术专业毕业，现在双桥一中工作。

一个清华学生的高中生活记忆

他叫隆锦胜，广西武鸣县东风农场人，1992年9月考入武鸣高中，1995年7月高中毕业后考入清华大学工程物理系。1999年清华大学工程物理系本科毕业，2002年清华大学工程物理系硕士毕业，在清华园求学7年。

2002—2005年在万方数据股份有限公司任软件工程师，负责海量文本数据库的升级研发。2005—2007年在同方数据股份有限公司任系统架构师，为政府部门提供基于Web的信息管理分析平台解决方案。2010—2014年在IBM中国任咨询顾问、项目首席架构师，为大银行客户提供软件全生命周期方法论支持、Web应用及可视化开发解决方案和实施服务。2015年至今，在澳大利亚NWO集团任产品总监，致力于将人脸识别、大数据分析和区块链技术应用于零售行业的人工智能零售终端，为零售连锁企业设计及研发零售业全生命周期软件管理系统，帮助零售企业提升客户服务质量和销售扩展。

2019年9月，他给我来信，谈起了高中时代的生活——

"高中三年是一段令人非常难忘的人生经历，至今依然能够闻到春天里教室外那令人神怡的淡淡的苦楝花香，和同学在学校旁边的灵水嬉戏畅游、在田间小路奔跑锻炼的情景仿若昨日历历在目。我是一个在农村长大的孩子，除了读书之外并无太多的见识，所以对于人生目标和理想并没有什么实际的想法。但我是幸运的，在我懵懂无知的时候，我的父亲帮助我选择了武高，而我的高中班主任潘仕恒老师帮助我选择了清华。我非常感谢他们帮助我在重要的人生分叉口做出了正确的选择。"

高中三年是快乐充实而又紧张的三年，武高的学习气氛很浓厚，同学们的学习积极性也非常高。第一次离开父母住校学习的他却仿佛一匹脱缰的野马没有了束缚，每当下自习铃响，同学们依然在教室里刻苦努力学习的时候，他总是那个第一个回到宿舍躺在床上看小说。他的学习成绩在班里排在前列，但不是非常突出。高二时，我接任班主任，我没有跟他说长篇大论的大道理，只是单独让他和我一起收拾教室隔壁的一个小办公室，然后简单地对他说"你可以做得更好！"。看似非常平常的一件事却对他产生了很大的触动和影响，他感受到我对他的信任，正是这种无形的信任激发和激励着他去做一个更好的自己。

高三是至关重要的一年，他自小身体弱，南方的气候温暖而潮湿，每到夏天他常常一场大病，为保证有好的身体，他养成了长期长跑锻炼的习惯。高三下学期，他非常注意起居锻炼和饮食，避免自己生病，然而幸运之神并没有眷顾他，依然在高考前的一个多月他病倒了，时断时续的高烧让他无法正常地生活学习，有时只能躺在宿舍的床上昏睡、吃药。班上的同学非常照顾他，帮他打饭，带他去医院看病；炎炎夏日，但在教室里的时候，他头顶上的电风扇总是停的，因为发烧畏寒，同学们悄悄地把电风扇关了！更让他感到诧异的是学校卫生室的校医竟然知道他生病卧床，寻到宿舍把他带到卫生室看病吃药，喝葡萄糖补充体力，这种细致的关怀让他非常感动，他很快战胜了疾病，迎接高考的到来。其实，看到他病，我也很着急，并专门去找校医，要校医对他多关心和照顾。隆锦胜在来信中感叹道——

"潘老师的行为和品格也在一定程度上影响着我：多年后的职业生涯中，无论在任何工作岗位上，我都会给人以信任和关心，也赢得同事、下属和客户的信任和尊重。"

以下是隆锦胜对高中三年学习生活的回顾和小总结，希望能对大家尤其是莘莘学子带来一些帮助。

计划：养成做计划的好习惯，一日之计在于晨，每天起床后的第一件事是一边刷牙洗脸一边计划当天自习课要进行的学习任务，如学习要加强学习的科目、继续解决尚未解决的疑难问题等。

预习：做好预习带着问题去上课。预习就是了解将要学习的内容的概貌，找出自己不理解、不明白的内容，在上课的时候有侧重地聆听老师的讲解，这样有助于自己加快和加深对知识点的理解。

笔记：好记性不如烂笔头，记笔记的过程一方面是加强记忆的过程，另一方面也是整理自己认知和理解的过程，可以在课后整理笔记的过程标注不理解的问题和同学进一步讨论或者询问老师。在考试前期也可以根据笔记进行有针对性的复习。

复习：温故而知新，有时候对一个定理、定律或者方法的初步理解并不是真正地理解，往往在做题或者重新阅读思考之后才会有更深的认识和理解。他一般都习惯在临睡前把当天学到的知识点在自己脑海里过一遍，对于记不住或者觉得没有能够理解的知识点就会在第二天进行进一步的复习或者询问同学和老师。

突击：临时抱佛脚虽然不能作为解决事情的最佳方案，但是也可以解决一些短期的问题。他的英语从高一到高二一向都是拖后腿的科目，总是在及格线上挣扎，到高三的时候，他开始意识到英语严重地影响了自己的学习成绩，于是他在保持数理化各科目成绩水平的基础上，开始花大量时间来突击学习英语，背单词和疯狂地做练习，除了学校提供的学习材料以外，他还自己到书店购买英语练习材料来做练习，不明白的问题及时问老师。为此，他的英语成绩在很短的时间内有了显著的提高。当然，短期的突击除了能加分之外，并不能给英语学习带来好的效果，在高考过后没多久，他突击学习到的英语知识也被忘得很快。所以英语的学习还是要持之以恒，细水长流才可以应用自如。

训练：考试是必须在规定的时间内完成的，因此做题的速度很大程度上会影响考试的成绩。所以除了平时老师安排的考试之外，也应该适当地掐表进行模拟考试训练，一方面可以熟悉题型，另一方面也可以训练其在考试中的做题策略。

应试：考试的过程也要讲究策略。他一般的习惯是把所有试题都快速大略地浏览一遍，做到心中有数。试题一般是按照从易到难安排的，但是每一题都应该认真对待，杜绝因为题目熟悉就按照熟悉的答案进行答题或者选择，否则很有可能掉入陷阱。如果碰到不确定的题目，略做思索，先做个标记，待有时间再重新检查；如果碰到难题在短时间内解决不了可以先跳过，等所有题目都处理过了再按照难题中的难易程度进行解决，这样就可以尽可能多拿分。不会做的题目尽量不要留白，如果有时间尽量把能想到的解决方法和解决思路写下来，这样也可能会拿到一些辛苦分。

教学管理工作

本章为作者在三所不同学校从事教学管理的一些文件和具有代表性的工作计划、总结、报告等，涉及教师评价、教学常规管理、高三管理、课程改革、教师专业化发展、教育现代化等内容，反映了学校的价值观、办学方向和教育成就。教学管理是学校管理的核心，极具复杂性，非一人之力可为，是全体行政人员、师生合力的结果。所列文献均为作者执笔并主要推动、参与的相关工作，特此说明。

教师教学工作考核办法

·对教师教学工作的要求及考核办法（1999年）·

根据《武鸣高中实行教职工全员聘任制的办法》《武鸣高中教学常规要求》等规章制度，制定本办法，对教师的常规教学工作进行考核。

一、教学工作要求

1. 备课

在认真钻研教学大纲、教材的基础上，每节课必须有教案，要求教龄15年（含15年）以下的教师写详案，教龄16年以上的教师原则上也应写详案，但也可写简案，不管详案还是简案，教案内容必须有：①课题；②教学目的；③本节课重点、难点；④教学过程要体现启发引导学生的思维活动及准备情况，适当融入德育教育的内容；⑤课堂小结；⑥作业布置等项。

2. 课堂教学

（1）能够很好地组织课堂教学，重视师生感情交流，沟通教与学的关系，督促学生遵守课堂纪律，完成教学任务。

（2）教材内容及加深程度、加宽范围处理得当，重点、难点的突破方法学生容易接受。

（3）要体现"教师为主导，学生为主体"的原则，善于激发学生的学习兴趣，启发学生的思维，指导学生善于思考，把发展学生的智力、能力和传授知识有机结合起来，既教知识又教方法，使学生学会又使学生会学。讲练结合，及时达到强化巩固基础知识的目的。

（4）课堂语言清晰、生动、准确、鲜明、富有启发性和趣味性，不讲与教学无关的话，不拖堂，板书设计得当，字迹要清楚工整、有条理性、不出现错别字。

（5）作业布置：课内要有一定量的练习，课外作业习题要精选，有目的、有针对性（巩固、强化双基内容，培养学生分析和解决问题的能力以及学生容易出差错处，教材重点、难点），课外作业的布置要有全局思想，数量要适中。

3. 把握好试题难度

能够根据学生实际，按教务处制定的出题梯度出好测验题和段、期考试题。

4. 教学效果

要求达到出入口成绩增量的正值（参照入口成绩对段、期考的成绩分别计算增量），高考、会考成绩达到学校要求。

二、工作态度要求

（1）按教务处编排的课程表按时到位上课，没有无故不上课的现象，衣着清洁、整齐得体，因事不能到位上课的要有请假手续。

（2）按教务处编排的辅导表按时进教室辅导学生，辅导时做到和蔼、耐心、细致，有问必答，不得态度粗暴或挖苦、讽刺学生。因事不能下班辅导的，要求在当周恰当时间补回，在教室内的时间不得少于一节晚自习时间的2/3。

（3）完成教研组、备课组交给的教育教研工作，参加研究课、示范课、优质课、汇报课、接待课的授课及听课，参加课外辅导工作（如竞赛辅导、专题讲座等）。

（4）按学校要求，在本校工作未满三年（含三年）的教师，每学期听课不少于15节，三年以上的听课不少于10节，要求上学段听课节数占一半左右。听课时间合理安排，有听课记录本，有评议。

（5）教学科研工作：完成科研处、教务处、政教处以及教研组或备课组交给的科研任务，积极撰写教学论文、工作总结。

（6）按时认真批改作业，全收全改，并及时返还到学生手中，需讲评的应在下一节课讲新内容前抽一定时间讲评。根据教学进度安排测验，并及时改卷、讲评，完成教研组分配的段考、期考和模拟考的改卷、成绩登记、统计等任务，并及时把单科成绩交给班主任、统计表交到教务处。

（7）认真完成各种监考任务，不得利用考试时间以某种借口（公事除外）不参加监考，非常特殊情况实在不能参加监考的，必须提前向教务处领导书面请假。

（8）积极参加业务学习、备课组的活动，不能无故缺席，不能利用此时间备课、改作业、看书报等。

（9）服从学校领导的各种临时性安排，积极完成学校交给的各种任务。

三、考核办法

（1）由学校教学考核小组负责考核。

（2）教学工作考核。

① 备课：每学期检查教案 2 次以上，定为 A、B、C、D四个等级，D等为不合格。

② 课堂教学：第一，考核小组听课、评课，得分低于60分为不合格；第二，学生评课不满意率超过30％为不合格。第一、第二款之一定为不合格的，本项即为不合格。

（3）教学效果：一学年中，教学成绩考核有 3 次以上（含 3 次）评为C等的，教学效果评为不合格。有高考和会考的学期，教学效果按如下方法考核：

① 高考成绩考核。

第一，教A层次班级的，班级平均分高于620分（标准分，没有实行流动制的地区民族班降10分，下同）；教B层次班级的，班级平均分高于550分；教C层次班级的，班级平均分高于500分；或有学生单科成绩进入全区（广西）前10名，本年度的教学考核定为合格。

第二，教A层次班级的，班级平均分低于580分；教B层次班级的，班级平均分低于535分；教C层次班级的，班级平均分低于410分；有上述情况之一者，本学期的期考考核定为不合格。

第三，成绩介于第一、二的规定之间的，本学期的期考考核定为合格。

第四，教A层次班级的，班级平均分低于555分；教B层次班级的，班级平均分低于500分；教C层次班级的，班级平均分低于380分；有上述情况之一者，年度考核定为不合格。

② 会考成绩考核。按教师所担任班级层次（依次为A、B、C层次）的人数分别计算通过率和A等比率。

第一，教A层次班级的，通过率达100%，且A等率高于70%；教B层次班级的，通过率达100%，且A等率高于30%；教C层次的，通过率达98%，且A等率高于5%；本年度教学考核定为合格。

第二，教A层次班级的，通过率低于98%或A等率低于40%；教B层次班级的，通过率低于96%；教C层次班级的，通过率低于90%。有上述情况之一者，本学期的期考考核定为不合格。

第三，会考成绩介于第一、第二的规定之间的，本学期的期考考核定为合格。

第四，教A层次班级的，通过率低于95%或A等率低于30%；教B层次班级的，通过率低于90%；教C层次班级的，通过率低于85%；本年度的教学考核定为不合格。

（4）工作态度考核。

① 每学期无故不上课超过2节，或无故不按规定下班辅导超过3周，均为不合格。

② 教研组、备课组开展的各项活动及工作安排无故缺席或者不服从超过3次的定为不合格。

③ 各学科作业布置量和批改情况由考核小组进行检查，完成应布置量和批改量未达到总量的2／3以上者，定为不合格。

④ 每个单元都要有测验。不按时在规定时间内完成段、期考及模拟考的改卷任务、成绩登记、成绩统计、把成绩交给班主任和教务处的定为不合格。

⑤无故不参加监考1次、因私事请假缺2场次以上的，或严重违反监考员职责的定为不合格。

⑥在规定时间内不交成绩统计单、工作总结的定为不合格。

（5）有第15条第（2）款和第16条规定的年度考核不合格者之一，综合评定为不合格；其他款项若有不合格，累计超过2次者（含2次），综合评定为不合格。

（6）对于以上各款项涉及的情况，教务处的记录、学校考勤登记表统计的数据、课堂常规教学登记表统计的数据、向学生进行问卷调查统计的数据以及教研组、备课组的记录等，作为考核内容所需情况、数据的重要依据。

（7）落聘教师在试岗期间按上述款项进行考核。

（8）教学效益奖的评定参照上述款项进行。

（1999年10月）

·武鸣高中教学管理系统浅析（2001年）·

教学管理系统是学校管理系统中的子系统，由于学校以教学为中心，故它是学校管理系统的主要组成部分。教师和学生都是教学管理的对象，前者是教学活动中的核心，故是教学管理的主要对象。本文以武鸣高中教学管理系统为案例，浅述如何构建教育面向现代化的教学管理系统。

一、管理理念

传统的教学管理偏重常规教学，即教师的备课、上课、作业（考试）、辅导和学籍管理、成绩管理等。而现代教育赋予教学活动很多新内容，如现代教育理念、主体性原则、教育科研、现代教育技术、终身教育思想、现代课程管理等都是现代教育的基本内容。教育内容的变化决定了管理方式的变化，因此，现代教学管理要以人的发展为主线，把教学活动建立在有利于教师自身发展和学生的终身发展上，通过合理配置资源、充分发挥人的潜能，建设一支紧紧跟上现代教育步伐的高素质的师资队伍，从而实现教育现代化的目标。

武鸣高中的教学管理系统是基于这些理念构建并在教学管理实践中不断完善的。

二、系统分析

（一）系统结构

武鸣高中教学管理系统属塔形（"A"形）结构。主管校长向上对校长负责，向下管理"二处"和"一中心"，即教务处、科研处和现代教育技术中心。教务处和科研处均设正负主任各一人、干事各一人，现代教育技术中心主任由教务处主任兼任。各处主任向上对主管校长负责，向下管理各学科教研组。根据学科特点和人数，设有语文组、数学组、英语组、物理组、化（学）生（物）组、政治组、（历）史地（理）组、体育组、电教组等教研组。各教研组均设有组长，他们向上对各处主任负责，向下组织教师开展教学研究活动。网络结构如图1所示。

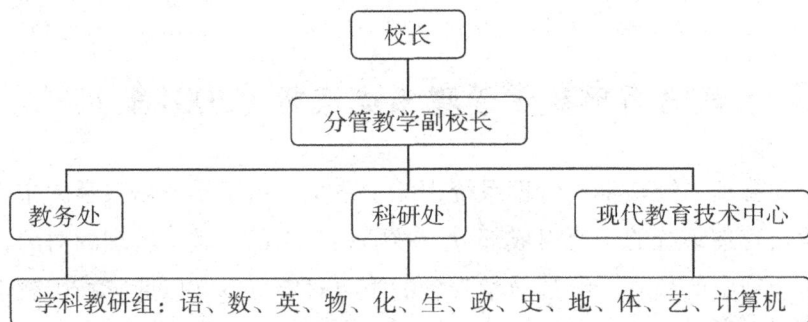

图1

（二）系统功能

1. 教务处

管理内容和目标：教师备课（教案）、上课、辅导、作业、考试命题、招生、学籍管理、学生考试和成绩管理，其他教学实施过程的管理等都是教学常规管理的内容。常规教学是教学活动的基础性工作，它对教学质量的稳定、提高起着举足轻重的作用。教学管理首先是教学常规管理，这是不能够弱化的。在进行教学常规管理的同时要重点突出以下方面：

（1）推进课堂改革，优化课堂结构，体现主体性教学原则，促进教学质量的稳步提高。课堂教学是教学实施过程的核心，教师教学工作能否得到同行、学生、社会的承认，很大程度上是从课堂教学水平表现出来的。在课堂教学中贯彻主体性原则是课堂改革的中心，教学方法、课堂模式都要围绕这一中心展开。

（2）课程改革。以教育部《基础教育课程改革纲要》（教基〔2001〕17号）为指导，全面实施课程改革。通过大力开发校本课程，实施研究性学习课程，落实"以育人为本"的教育理念。课程改革不仅是学生的发展需要，也是教师业务再学习、再提高的过程。因此，课程改革既是教育内容的现代化，也是教师现代教育观念的实践活动。

2. 科研处

（1）管理目标。通过教育科研和对教师业务的高级培训，使教师具有现代教育理念，有较强的科研能力，培养一支现代意识强、综合素质高的师资队伍。

（2）管理主要内容：①教育科研是教育质量不断提高的源泉，是教师综合业务素质的直接表现。教育科研管理主要包括科研论文管理、课题管理和科研成果的推广。②教师业务高级培训。负责省、市、县、校"21世纪园丁工程"培养对象的培训和管理，组织全校教职工学习现代教育教学理论，开设硕士学位研究生课程班（由广西师范大学教育科学学院培训），选送部分优秀教师参加在职研究生班学习。

3. 现代教育技术中心

（1）管理目标：发展性能优良、技术先进的现代教育技术系统，普及计算机应用知识，实现计算机与课堂教学的整合，实现教育手段、管理手段的现代化。

（2）学校把发展以计算机为核心的现代教育技术提高到战略高度：它是传统教育向现代教育转轨的基本条件，是教育面向现代的直接表现形式，也是教师适应现代教育的学习能力的表现。

（3）管理内容：规划学校现代教育技术发展方向，普及计算机应用知识，做好计算机校园网、闭路电视网络管理等。

三、评价

建立全面的有导向的评价体系是教学管理系统正常运行的保证。我们引入量化考核方式，就教学过程的4个一级指标、17个二级指标进行评价，量化考核表见表1。

表1

指标	项目	内容	满分	自评	考核小组评
常规教学 60%	工作协作	与同事关系，工作协作性	5		
	承担责任	计划，总结，出题，监考，会议	8		
	出勤	出勤量，工作量，会议	8		
	听课	完成规定的听课量	8		
	作业	课外作业适量，单元测验正常	6		
	辅导	常规学习辅导，竞赛辅导，第二课堂指导	10		
	学科建设	对学科建设的贡献	8		
	开设选修课	选修课名称：开课或准备：	10		
	教案	教案完整，书写认真	6		
教育科研 17%	科研论文	论文名称、获奖、发表情况	10		
	课题研究	参与课题类别和名称	7		
		研究进展	10		
	教学研究	主要进行教法和学法的研究	5		
现代教育技术 17%	电脑水平	计算机应用总体水平	10		
	媒体教学	开展多媒体教学简况	10		
	课件制作	课件制作水平与数量	10		
继续教育 6%	理论学习	教育教学理论学习情况	5		
	学习培训	参加学术报告，讲座活动	5		

填表说明：各项目的分值请按下列分值范围填入分数：

（1）工作协作。好：4～5；一般：3～3.9；较差：1～2.9。

（2）承担责任。好：6～8；一般：4～5.9；较差：1～3.9。

（3）出勤。出满勤：8；有事假在3天以内：7～7.9；有事假3天以上一周以内：6～6.9；有事假一周以上二周以内：4～5.9；有事假超过二周：1～3.9。

（4）听课。〔在本校工作未满三年（含三年）的教师，每学期听课不少于15节，三年以上的听课不少于10节，要求上学段听课节数占一半左右。听课时间合理安排，有听课记录本，有评议〕。视完成情况，好：6~8，一般：4~5.9，较差：1~3.9。

（5）视作业布置、单元测验情况。好：5~6；一般：4~4.9；较差：1~3.9。

（6）课外辅导。好：7~10；一般：4~6.9；较差：1~3.9。

（7）学科建设。本学科同行认可的骨干教师，并能指导青年教师的教育教学工作：5~8；次之：3~4.9；一般：1~2.9。

（8）选修课开设情况。已按学校安排开课：7~10；已有课程计划，未开课：5~6.9；已报有选修课目：3；未有选修课目：0。

（9）教案。好：5~6；一般：4~4.9；较差：1~3.9。

（10）论文（要向科研处提供复印件）。省级（含）以上发表或获奖：7~10；地市级获奖或发表：5~6.9；县校级：3~4.9。

（11）课题研究。①参加区级的：5~7；市级的：3.5~4.9；县校级的：2~3.4；不参加的：得0分。②进展好的：8~10；一般的：3~7.9；较差的：0~2（该项要向科研处提供材料）。

（12）教学研究。进行教学研究，并能在课堂实践，做得好的：4~5；一般的：2~3.9；较差的：0~1.9。

（13）计算机应用水平。高：7~10；一般：4~6.9；较差：1~3.9。

（14）媒体教学开展情况。好：7~10；一般：4~6.9；较差：1~3.9。

（15）课件制作水平。高：7~10；一般：4~6.9；较差：1~3.9。

（16）理论学习。自觉学习教育教学理论，做得好：4~5；一般：3~3.9；较差：3分以下。

（17）培训。自觉参加各种教育教学理论的学习培训活动，做得好：4~5；一般：3~3.9；较差：3分以下。

四、管理绩效与评析

武鸣高中教学管理系统紧紧围绕教育现代化这一总目标，系统层次清晰，各层级工作目标、职责明确，重点突出。特别是对传统教学管理方式进行脱胎换骨的改革，以现代教育理念丰富管理的内涵，扩展管理的外延，使教学系统处在动态变化中，不断适应教育现代化的需要。系统涌动出强烈的

教学管理工作

时代气息和奋发向上的精神风貌。

例如，常规教学管理，我们不是简单地检查教案、考勤。教师的工作更具有非线性特点，我们更注重把教师的精力引导到尚待开发的领域，如现代教育理论、计算机应用知识、科研、论文、选修课、校本课程、研究性课程等更具挑战性的内容，成为我们的考核指标。知识处在流动中，教师的知识需要不断更新，否则会被时代的发展所淘汰。

又如，课堂教学，为改变"满堂灌"的课堂模式，学校通过行政手段要求教师每节课的理论讲解时间不能超过25分钟，进行优化课堂结构的研究，以体现以学生为主体的思想。

对教师计算机应用知识的培训，我们从1995年起提要求，1997年列入教师教学业务考核范畴，到现在有98%以上的教师能熟练运用计算机进行教学与管理。

我校于1998年成立科研处，负责学校科研工作的管理。近几年来，有近100篇论文在省级以上的刊物上发表或获奖，2001年申请到广西教育科学"十五"科研课题A类一项、C类一项和若干市级课题。

2000年起，学校掀起学习现代教育教学理论热潮，请专家学者到校讲学，开设研究生课程班，鼓励教师进修学习。

综合的教育改革使我校教学效果出现良性循环，高考成绩显著，1998年、1999年高考上重点大学录取线90多人，2000年、2001年达150多人，各学科综合平均分均进入全省前20名。1999年有一位学生高考成绩为广西理科第二名。20多位教师被评为南宁市教学骨干，3位教师被评为南宁市学科带头人。学校通过自治区示范性普通高中立项评估验收。

我们努力使武鸣高中教学管理系统成为一个开放的、不断自我更新的系统，使它更顺应求新、创新的时代主旋律，并表现出旺盛的生命力。

教学常规管理

·2007学年教学工作总结·

（广州市第八十中学工作总结）

本学年教学工作围绕学校五年发展目标，全面启动接受省级普通高中教学水平评估的各项工作，深入实施国家课程标准，坚持常规教学的制度管理，对教学过程进行精细监控，不断提高教学质量。

一、取得的成绩

（一）获奖

（1）2008届高三获广州市高三毕业班工作一等奖。

（2）语文、文科数学、理科数学、历史、政治、英语六科目获"2008年高考广州市突出贡献奖"。

（3）政治科组、物理科组评为"广州市优秀科组"。

（二）考试成绩

1. 2008届高考成绩

2008届学生有669人参加高考，其中上重点线人数19人、本科线人数221人、专科A上线415人、专科B上线625人，高考上线率达93.7%。本科上线人数完成市下达指标136.42%，专科A线上线人数完成市下达指标122.42%。本、专科上线人数和比例超过部分第三组生源学校，在同组中遥遥领先。与2007届相比，重点线、本科线上线率分别提高0.24%和2.64%，文科类上线率提高8.99%，其中历史类提高19.50%，物理类提高10.62%，政治类提高1.76%。

高三毕业班综合成绩全市排名26名，比去年有所提高。历史、文科基础、语文、文科数学、政治、化学六学科的平均分排在全市前40名，其中历史（28名）、文科基础（31名）、语文（32名）是近几年最好的名次。语文、理科数学、文科数学、英语、物理、化学、政治、历史八学科的名次比上一届得到提高。

2. 统考成绩

上学期高二年级的语、数、英三科参加七区联考，文科数学、英语平均分超过广州市第六十五中学，排在全区第二名。理科数学、语文排在第三名。高一年级语文、政治学科超过广州市第六十五中学，列全区第二名，其他科列全区第三名。

下学期高三年级参加广州市高三统一考试，取得优秀成绩，英语、理科数学、理科基础、生物、理科总分，文科数学、文科基础、文科总分均超过广州市第六十五中学，名列全区第二名。其他科名列全区第三名。高二年级参加广州市七区六科（理科物理、化学、生物和文科政治、历史、地理）统考取得优秀成绩，生物、历史、政治列全区第二名，地理、物理列第三名。高一年级的政治、历史名列全区第二名，语文、数学、英语、物理、化学、地理和总分名列全区第三名。

二、常规教学管理

1. 完善制度

为保证教学质量的稳定提高，规范教学行为，我们重新制定《广州市第八十中学教学常规管理制度》，对教学计划的基本要求、备课的基本要求、上课的基本要求、听课的基本要求、作业布置与批改的基本要求、辅导的基本要求、考查考试科目的基本要求、教学总结的基本要求八大方面规范常规教学；还修订了《广州市第八十中学研究课制度》和《广州市第八十中学青年教师培训制度》，以规范教学研究和教师培训工作。

2. 全程管理

教学管理工作主要从过程和效果两方面进行。教学线领导到课堂听课，及时发现优秀课堂教学范例并进行推广，对存在的问题及时反馈。对所有研究课、公开课，学科组都进行详细的评课评教活动，指引教师在学科教学上进行提高。

进行常规教学检查和评教工作，督促教师认真落实教学常规。期中，我们组织科组长进行教学检查，抽查了三个年级所有考试科目的作业、测试卷、学习参考书，检查作业的布置、批改及测试数量和学习参考书的使用情况等，还对全校教师的教学工作进行问卷调查，从教学满意度、课堂教学、作业布置、课外辅导等方面接受学生的评教，并及时把调查结果向教师反馈，促进教师的自我教学调整。

引入"教学效果监控"方法，对教学质量进行量化监控。分析学生的入口、出口成绩，制作成绩变化曲线，对教学效益进行量化评价，引导教师从成绩发现教学潜力、教学问题，从宏观上调控引导全校教学质量的提高。

三、教师专业化发展

加强校本培训，促进教师的专业化发展。通过制定《研究课制度》和《青年教师培训制度》等规章制度，规范教师专业化发展工作。对教龄不足五年的教师，要求主动选择指导教师，接受教材教法的指导。研究课是培养教师教学能力的重要途径，我们要求研究课必有教案、学案、评课、指导。本学年有43位教师按规范上了研究课。下学期，广州市教育局教研室在我校举行高中化学教学调研和中学体育选项教学现场会，市、区教研室的专家、兄弟学校教师到校指导，到会专家对我校的接待工作和教师的教学水平给予很高的评价。

本学期，我们组织科组长到华东地区进行教育教学考察，先后到南京市第十二中学、南京市第十三中学和上海市建平中学参观学习，接受教育现代的洗礼。我们还把考察报告印刷成册发给全体教师，共同学习先进地区的教改经验。

结合常规教学管理发现的情况，教学处曾七次在教师大会上反馈教学问题，并参加高三、高二和高一的教学研讨会，对全校的教学工作进行管理和指导。

四、以接受省级教学水平评估为契机，全面落实国家课程标准

我校申请于2009年10月接受广东省高中教学水平评估，为了做好迎接评估的各项工作，教学处做了具体的布置工作。

全面启动教学水平评估的各项工作。制定《广州市第八十中学接受省级普通高中教学水平评估工作方案》，指导迎评工作的进行。首先，在师生中进行广泛宣传，明确评估的意义和要求；其次，制定详细的实施方案，分解任务、落实到人；再次，加强对教学档案的收集、整理和学分认定工作的指

导。为了深入理解国家课程标准，我们对教师进行"教育部普通高中课程方案"的学习辅导讲座，印发《普通高中课程方案（实验）》宣传材料，制定《广州市第八十中学2006—2010年课程发展规划》，结合学校实际编写《广州市第八十中学课程指导表》，制定《2008—2009学年度上学期选修课开设方案》《广州市第八十中学综合实践活动课程实施方案》等一系列的方案和制度，确保执行国家课程的严整性和完整性，深化了学校的教学改革。本学期，继续开足、开齐国家课程，共开设校本课程26门，研究性学习课题40多个。

五、其他教学工作

高考报名工作顺利进行，全校700名学生报名参加2009年高考。图书馆完成常规图书采购和报刊的征订任务。实验室的各项工作正常开展，保证实验教学完成规定的实验任务。科组活动正常进行，科组建设不断加强。

·打造现代化教学的高地·

（2017年申报广州市示范性普通高中自评报告之教学部分）

一、创新队伍建设的模式

广州市白云中学在学校60余年的办学历史中，作为教师的摇篮，办师范教育占了2/3的时间，期间培养出大批的教学名师。1999年转办高中后，学校传承了良好的育人传统，高度重视教师的专业化发展，坚持"校本培训，科研推动，专业引领"的模式，开辟出完整的从入门到成名成家的教师专业化发展路径，全面提升了教师的专业化水平，培养出一支区、市有影响力的名师队伍。以下框图（图1）可以概括出我校教师的职业生涯发展的基本培养路径。

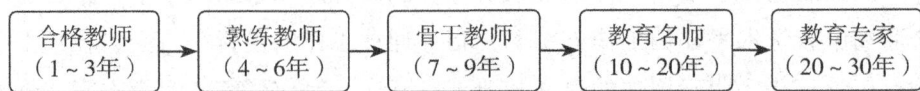

合格教师（1~3年）→ 熟练教师（4~6年）→ 骨干教师（7~9年）→ 教育名师（10~20年）→ 教育专家（20~30年）

图1

1. 以校本培训为基础，夯实教师专业化发展的根基

学校制定《白云中学新入职教师培训制度》《白云中学青年教师业务比赛制度》《白云中学师徒结对制度》，对新教师进行了从入职到成为骨干教师的九年跟踪培训。新教师的前三年，每年都进行过关考核。青年教师每学年都参加学校组织的业务大赛，内容包括说课、教学设计、课堂教学、解题比赛、教学反思（论文）五个方面；每一周都开展集体备课和科组活动，讨论交流教学问题。学校为每一位青年教师指派师傅，全面指导青年教师教育教学能力的提升。

近年来，一批新入职教师的专业能力得到迅速提升，有9名教师被确定为白云区青年骨干教师。

2. 以教育科研为驱动力，助力教师进一步提升专业化水平

学校坚持以教研、科研作为教育教学发展的原动力，作为教师专业化发展的重要驱动力量，教师从"专业型"到"学者型"或"专家型"角色的转变，教育科研起了重要的作用。教研处每年都组织教师申报各级各类课题，编印《教与研》小报，鼓励教师发表研究成果。近三年来，教师完成省教育规划课题1项、市教育规划课题1项、区小课题1项，在研的省级课题3项、市课题2项、区课题7项，在教育期刊发表论文41篇，其中在核心期刊发表8篇，有3篇论文被中国人民大学复印资料中心全文收录，教师承担课题的级别和数量、发表论文的数量和级别在全市中小学中处于领先地位。

在2015学年"一师一优课"活动中，我校教师参与晒课54节，数量全区第一，获区级优课9项、市级优课8项、省级优课1项，获市级以上优课人数为全区第一名。

3. 加强专业化引领，鼓励教师走成名成家的专业化发展道路

我们坚持"请进来，走出去"的专业化引领模式。近几年来，我们先后请华南师范大学、广东省教育厅教研室、广州市教研室的教授专家来指导教育教学工作。

我们派出一批骨干教师到外省、市参加各级各类培训。2014年组织部分教师参加西南大学的教师专业技能培训，到宁波中学、万里国际学校听课交流，了解高考改革实验区的教学管理。2015年组织部分教师到武汉市第六中学、武钢三中、华中师范大学第一附属中学、宁波市第二中学、宁波市姜山中学、广西武鸣高中、贵阳市第六中学、贵阳市第一中学、北京师范大学贵阳

教学管理工作

附属中学、郑州市第四十七中学学习交流。

一系列的专业引领活动提升了教师的专业化自觉和专业化发展能力，教师专业化的自我发展满足感提升。

4.专业化发展硕果累累，名师队伍茁壮成长

经过持续多年的教师队伍建设，我校的名师队伍逐渐形成，正在发挥示范辐射作用。目前，我校有正高级教师1名，广州市基础教育系统名教师1人，广州市基础教育系统"百千万人才培养工程"教育专家培养对象2人、名教师培养对象3人，广州市骨干教师10人，白云区名教师5人，白云区青年骨干教师9人，广州市教研会理事2人，广州市教研院学科中心组成员6人，广州市高考研究组成员1人，广州市特约教研员3人，白云区教研会理事10人，白云区教研中心组17人。这批教师在校、区、市的学科教研活动中正发挥组织和引领作用。

5.示范辐射作用突出，为区域教育事业做出贡献

我校是"广州市中小学教师实践基地"，承担着广州市中小学教师培训中心委派的培训任务。2014年承担贵州省黔南州高中骨干教师的跟岗学习任务，2016年以来，有4名教师代表白云区到贵州省黔南州支教，上示范课。

2016年和2017年，我们先后两次组织广东省新课标卷高考研讨会，邀请全国高考备考专家来校进行研讨，来自我市和全省各地市的几百名高三教师参加研讨，对促进我省的高三备考产生了重要的作用。

我校正高级教师潘仕恒对基础薄弱学生的物理教学问题进行了多年研究，取得了重要成果。信息技术学科的青年教师高伟光近几年潜心研究创客教育并做出突出成绩，在省市都有较大的影响。

二、精心打造课程体系，提高学生核心素养

1.开足开齐课程，建立三级课程体系

根据教育部《普通高中课程方案（实验）》《广东省普通高中新课程实验实施意见》和《广东省普通高中选修课开设指导意见》的精神和《2010学年广州市普通高中课程开设指导意见》，我校制定学校课程发展规划，建立国家、地方和学校三级课程体系。坚持开足、开齐必修课程、选修课程和综合实践活动课程，不断完善模块考查考试和学分认定制度，形成了较高水平的具有白云中学特色的课程文化体系，为学生核心素养的形成打下了文化基础。

2. 严格执行课程标准，建立科学的质量监控体系

我们结合办学特色和实际，建立严密的课程质量监控体系。我们有完善的教学常规管理制度，从备课、上课、作业、考试、课外辅导等方面规范教学行为。我们推行教学质量的整体负责制度，建立以科组长为核心的科组整体负责制、以备课组长为核心的备课组整体负责制、以个人为责任人的教学过程整体负责制，实行层级管理，任务有落实，质量有负责，为学生的发展提供保障和机会，促进了教学质量的全面提升。

为了有效实施教学监控，我们加强对教学内容、教学流程的统一规范。积极开展校本教学教研活动，探索有效的教学组织和教学方法，以此为抓手的相互协作、资源共享机制为提高教学质量奠定了基础。尤其是物理科组建立的以导学案为载体的分级教学方案，在全校物理教学中全面使用，这一举措大大降低了教学的随意性和波动性，使优秀的教学设计所产生的教学效益能惠及全体师生，对提高全校物理学业成绩产生了重要的作用。该成果于2015年获广州市教学成果二等奖。

3. 完善校本课程体系，形成课程文化特色

作为国家与地方课程的补充，校本课程对提高学生的全面素质、培养学生的优良品质、发展良好个性具有不可替代的作用。我们制定校本课程开发、开设的制度，对选修2的开设做到有课程、有教材、定时间、定地点。

经过近几年的探究实践，95%以上的专任教师都开发或开设了一门以上的选修课。近两年来，先后开发了育人目标明确、时代特色鲜明、内涵格调高雅、本土本乡本校特色浓厚的校本课程20多门，深受学生喜爱，如南粤先贤——陈子壮、苏东坡诗文故事、苏轼黄州文学创作研究、文字演义、硬笔书法、创客入门、App Inventor编程、我的家史创作、中外建筑文化比较、中外文化冲突、基础日语、校园足球基本技术、人体的秘密、课外生物知识讲座等。其中，校本教材《南粤先贤——陈子壮》的编写得到白云区委宣传部的高度评价和大力支持，白云区委宣传部还组织印刷发至白云区部分中小学和学校以外的一些部门作为爱国主义教育的乡土教材或学习材料。

在综合实践活动课程的开设中，我校研究性学习课程有声有色。近年来，所开展的研究课题有"了解大数据""自媒体""投资方式的收集、调查和研究""哪家超市最便宜""抗战题材漫画创作""观察月相变化""健康的生活方式与防癌""慢跑对人体机能的影响""各类常用文件格式的特点和格式转换""足球运动的发展""校园艺术文化建设的现状与展望""红楼梦中的诗词""中外饮食文化研究""魔术表演中的物理知识""中国古典诗词中的花草树木的意蕴""中国酒文化研究"等。研究范围涉及当代最新科技、社会主流价值、社会热点，是学生树立正确世界观、人生观和价值观的生动反映。通过开展这些研究性学习，师生的创新精神、探究精神、实践能力、协作能力和知识视野等重要素质都得到很大的提升。

经过全体教师数年的努力，我校已经形成了具有自身特色的课程体系，确保培养可持续发展现代人的育人目标得到落实。

4. 完善"笔韵墨香"特色课程，提升学生个人品质

我校"笔韵墨香"特色课程被确定为广州市特色课程次重点立项，该特色课程的整体培养目标为：本课程与国家规定课程、地方课程一起，促进学生全面发展、和谐发展，培养把学校独特的"雅致"的精神文化内化为具有博雅的文化知识、高尚的道德情操及高雅的言行举止的个性品质的现代人，为学生可持续发展奠定坚实的基础；促进有书画、音乐艺术特长的学生具有较高的艺术创作水平，为高校输送优秀的艺术人才。近年来，学校结合此特色课程，开展了多项与之相关的讲座和活动，每年艺术节都邀请不少艺术家来校展示技艺，还组织了百名学生现场书法活动，提升了学生的艺术品位和艺术欣赏水平。

5. 课程建设结出硕果，学生学业成就全面提升

完善的课程体系、扎实有效的教学活动和严密的质量调控体系，确保我校教学质量保持在较高的水平。近几年来，学生的学业成绩进步显著，语文、数学、英语、物理、化学、生物、政治、历史、地理参加全区统考，考试平均分排名稳步提高。2014年和2015年的高考本科上线人数分别为208人和214人，本科上线率达到37%，连续两年获广州市高中毕业班工作一等奖。由于生源质量下降，2016年、2017年的本科上线人数分别为146人和152人，本科上线率为25.57%和27.49%；一本上线率人数取得重大突破，2017年上线人数达24人，一本率4.34%，与2016年的一本率0.53%相比，提升幅度大，一本、二本上线率的提升，体现出我校较强的教学能力。

学生参加学科竞赛、科技创新活动同样取得优秀成绩，三年来，在各级各类竞赛和活动中，学生获区级奖174人次，市级奖116人次，省级以上奖41人次。

三、建设智慧校园，打造教育现代化的新高地

1. 智慧校园硬件设施、软件技术和数字资源基础

我校目前正着手申报广州市第二批"智慧校园实验校"，学校信息化工作正按智慧校园的硬件和软件技术标准稳步推进，前期改造性投入已有400万元（2009年学校搬迁，已投入750万元重建信息化环境）。现有的智慧校园硬、软件基础如图2所示。

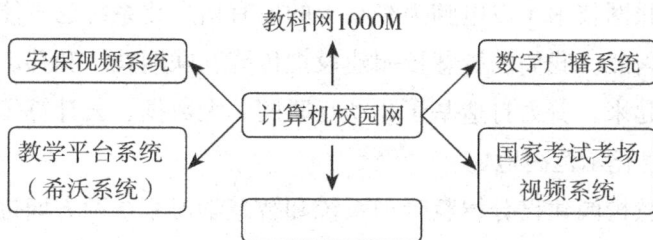

图2

（1）硬件基础设施。学校建有计算机校园网，100%的教学班实现100M的宽带连通，与广州市教育科研网实现1000M连接。配备1套智慧校园安防系统，170个监控点，实现对校园全方位无死角的视频监控，有入侵报警、出入控制、电子巡更等功能。学校建有国家标准化考场，有考场视频监控系统，可进行全部教室、考场的考试监控，并与上级招生部门连通。有无线网络，实现校园无线覆盖。有数字音频广播、数字电视广播网络，实现校园广播、视频广播的数字化。

全部教室和场室安装希沃一体机平板多媒体教学平台，共70套。有计算机室3间、语言实验室3间、电子阅览室1间、计算机670台，师机比1∶1，生机比4.6∶1；有创客实验室1间、录播教室1间（在建）。智慧课室和其他创新实验室建设在推进之中。

（2）应用系统及数字资源。学校建有通过备案的门户网站和微官网系统，有集成学校综合管理的OA办公系统，有在线开放的校本资源库。

作为"广州教育e时代"实验学校，师生能无限制地使用"教育e时代"的资源，充分地享受数字图书馆、教育期刊等服务。学校还购置了学科网等专门教学资源网站的教育教学资源，可满足师生对教学资源的使用。

另外，学校还建立了网络P盘资源系统和OA办公系统的网盘系统，为教

教学管理工作

师提供文件、课件交流和共享的便利条件。

2. 以智慧校园建设为中心，打造教育现代化的新高地

《国家中长期教育改革和发展规划纲要（2010—2020年）》指出，"把改革创新作为教育发展的强大动力"，认为"信息技术对教育发展具有革命性影响"，要建设和完善"学校的教育信息化体系，促进教育内容、教学手段和方法现代化"。

目前，以手机为终端的移动互联网技术已经深入社会生活的各方面，而基于传统互联网技术（以电脑为终端）的原有信息化系统已不能满足教学管理的需要。因此，我们的智慧校园建设把传统互联网技术和移动互联网技术紧密地结合起来，着力打造基于移动互联网、大数据、云计算等新技术的新一代教育信息化示范高地。

我校智慧校园建设分智慧管理系统和智慧学习系统两方面进行，路线图如图3所示。

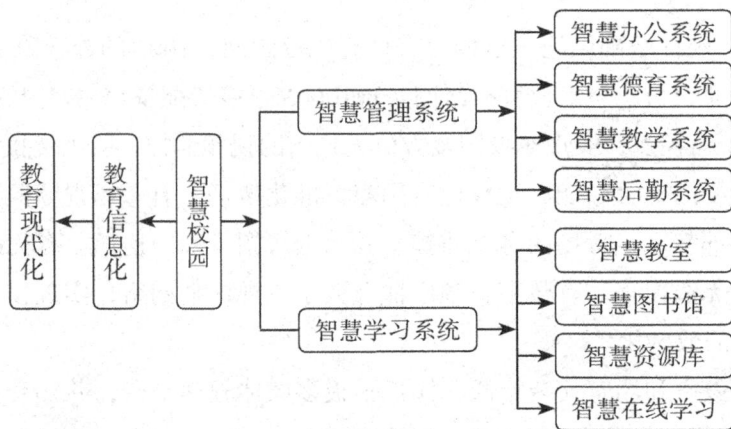

图3

（1）依托移动互联网，打造"指尖上"的智慧学校管理新模式。我们将学校官网、OA办公系统和微官网系统整合到微信平台上，用手机代替电脑作为管理终端，实现"指尖上"管理学校。学校门户网站和微官网承担学校的宣传和信息发布功能，两网互联互通，相互补充。电脑或手机均可作为终端，从信息发布到浏览或阅读都可在手机上完成。网站和微官网内容丰富、更新及时，高效地反映学校最新的教育教学和学生活动动态，受到业内和社会的广泛好评。

OA办公系统和微官网共同组成"指尖上"的智慧学校管理系统，具有强大的学校管理功能。"智慧办公系统"实现了学校管理的网络化，包括公文、通知、信息的发布和管理，周程安排和档案管理，教师请假、审批和考勤的管理等。"智慧德育系统"实现了即时家校联系，包括学生考勤即时发布、住宿管理即时反馈、德育工作安排即时布置和过程监控等。"智慧教学系统"包括教务管理和教研管理两部分，教务管理包括学生成绩管理与发布、学生选课管理、学生课外作业发布、教师的学习评价、教学场室管理、教师备课管理等。教研管理包括教师培训管理、听课管理、公开课管理（网申、审批、评价、材料汇集等）、课题管理（成果、结题材料、论文发表等）。"智慧后勤系统"包括校产管理、报修管理、交通工具使用管理以及其他后勤工作管理。

学校安保视频系统实现手机端即时在线学校治安巡查。

（2）建设智慧学习系统，打造现代化学习的新模式。智慧学习系统包括智慧教室、智慧在线学习（慕课）、智慧资源库和智慧图书馆等。

我校已建立内容丰富的开放在线校本资源库，实现教师教学资源的在线共享，实现学生在家或在校校本资源在线应用学习。教师通过微信平台的学习系统，可对学生进行作业发布和在线指导。学校建有录播教室、创客实验室和一个具有60台电脑、20万册电子书的电子阅览室，可实现课堂教学、教学活动的网络在线共享，为学生进行科技创新活动和网上阅读提供了良好的条件。

明后两年，学校将再投入400万元，建设3间智慧教室、2间创新实验室、1个智慧图书馆系统。这些都将更有力地支持和鼓励学生利用现代信息手段和优质资源主动学习、自主学习，不断提高自己的创新意识和创新能力。

（3）教育信息化成绩斐然，教育现代化初现端倪。我校教师信息化能力强，开展信息教学活动的学科覆盖率达100%，95%的教师开通了广州"数字教育城"教师学习空间。教师广泛使用智慧学校管理系统实施教育教学活动，"指尖上"的学校管理初具雏形。

学校先后承担了广东省电教馆"十一五"课题"利用网络学习社区拓展研究性学习方式的校本研究"（2011年7月结题）、广州市课题"基于网络环境下的有效教学教师校本研修实践研究"（2014年4月）、广州市教育e时代应用实验项目"构建网络环境下普通高中班会课教学模式的校本研究"

（2012年7月结题）的研究工作。几年来，广大教师利用良好的信息化环境，积极参加教科研工作。近三年来，在研和已结题的省级课题4项、市级课题5项、区级课题10项，参与研究的人数占任课教师总数的40%以上。

近年来，教师积极参加"一师一优课"活动，有113位教师参加"晒课"，占教师总人数的90%，其中获省级奖1人、市级以上奖8人、区级以上奖9人，参加人数及获奖人数在全区学校中名列前茅。

在"2018年广州市青少年科技教育项目"申报活动中，我校申请的项目有7个，涉及信息技术、物理、化学、生物等学科，20多位教师参与其中。项目有：①App Inventor手机程序设计校本课程开发；②创客教育项目制作网络视频课程的开发；③援助白云区学校创客实践活动的开展；④基于Arduino芯片的物理小器件制作；⑤基于Arduino芯片的生物互动小模型制作；⑥普通高中STEM课程的项目开发；⑦基于Arduino芯片的学科学习学具制作活动。参与的项目数量、学科数量、教师人数均在我区名列前茅，突显了我校教师较强的信息技术能力和创新教育的规模化，教育创新、教育信息化和现代化初现端倪。

四、创客教育结硕果，创新教育品牌初步形成

1. 以创客教育为核心，打造科技创新教育的课程体系

学校高度重视对学生的科技创新教育，通过近几年的努力，逐渐形成科技创新课程体系。2015年筹集资金建设创客实验室，配备完备的创客工具，包括数台计算机、小型机床、激光线切割机、3D打印机和电子元器件等，满足学生开展创客活动的硬件需要。

在课程建设方面，信息技术学科在完成课程标准的前提下，构建了以项目式学习（Project-Based Learning）为方式的创客课程方案。课程分为三个部分：第一部分是App Inventor项目式学习，第二部分是基于项目（创客作品）开源硬件学习，第三部分是综合创客项目。学生将创意转变为实物的设计与制作等。几年来，学校完成了智慧教室设计、3D模型设计（3Done）与打印、手机应用程式开发（App Inventor）和无人机技术等项目的制作，产生了一批创客作品。

创客课程开设的时间安排，除了每周一节的计算机课时外，每周可安排两次其他时间来实施项目。不仅课堂上学，还根据学生的兴趣爱好组织相应

的创客小组、创客社团，开展项目的比、学、帮、赛等活动，促进课程生动活泼地开展。

信息技术学科有声有色的创客课程开发带动了其他学科的创新教育积极性，物理、化学、生物、通用技术等学科也加入创新教育的行列，先后申报广州市青少年创新科技项目，共同打造我校的创新教育课程体系。

为了培育创新活动的土壤，近几年来，我们利用选修、研究性学习等课程广泛开展科技活动，如水火箭、鸡蛋跳楼（物理科）、水中花园（化学科）、多肉植物栽培（生物科）、App编程（信息技术科）等。学校每年举办科技文化艺术节，如2016学年科技文化节参赛人次约1600多人，共有28个奖项，有969人次获奖。

从课内到课外，从信息技术学科到众多学科，我校的创客教育不断走向规范和成熟，我们在努力打造创新教育的新课程体系。

2. 创客教育结硕果，创新教育品牌初步形成

经过多年的探索和不懈的努力，我校科技创新教育取得了丰硕成果，2015年以来我们多次组织学生参加广州市电脑机器人比赛、广州市青少年科技创意与发明大赛、广东省中小学生创客大赛、广东省中小学电脑制作活动、全国中小学电脑制作活动等，共获国家级一等奖1项、省级奖6项、市级以上奖项26项。我校多次代表广州市、广东省参加比赛，获奖人数、级别，在全市甚至全省都名列前茅，表明我校的创客、创新教育处在全省领先水平。

教育的终极目标是创新教育，新技术、新手段、新方法、新理念、新思想使我们又一次站在教育现代化的新起点上，我们将继续耕耘，以更大的担当打造教育现代化的示范高地。

（2017年9月25日）

高三工作

·2008届高三工作计划·

（广州市第八十中学工作计划）

一、指导思想

以全面发展、和谐发展和科学发展为指导思想，不断提高学生的综合素质，为高校输送合格、优秀人才。

二、奋斗目标

（1）获广州市高三工作一等奖，获奖排名进入全市前20名；各科力争平均分超C组。

（2）重点本科上线人数15人，普通本科（本科B线以上）上线人数220人，专科A上线人数400人，实现高考直通车。

（3）学生德智体美全面发展，毕业率达100%。

三、毕业班工作领导小组和核心小组成员

1. 领导小组

组长：袁闽湘（校长）。

副组长：冯燕芳（副校长）。

组员：袁成（书记）、邓春喜（副校长）、陈建敏（德育主任）、朱耀辉（教学副主任）、徐锡平（总务副主任）。

2. 毕业班核心小组及分工

袁闽湘（校长）、冯燕芳（副校长）、潘仕恒（教学处负责人、级长）、李彩莲（副级长）、陈婉媚（办公室主任、副级长）。

袁闽湘校长：负责高三复习备考的全面工作。冯燕芳副校长：负责高三复习备考的全面工作，侧重教学管理及复习备考过程的筹划。潘仕恒：负责教学管理及复习备考的规划工作。陈婉媚：负责协调各方面的工作，纪律学风及宣传工作。李彩莲：负责学生纪律学风管理，级组日常事务。

3. 备课组长

语文：龙少姗；理科数学：李彩莲；文科数学：冯爱银；英语：刘小妮；物理：潘仕恒；化学：杨美玲；生物：温发明；政治：曾云；历史：梁嘉兴；地理：冯冬梅；综合：梁惠芳。

四、主要工作

（一）队伍建设

（1）建立以核心小组为核心的锐意进取的高三管理队伍。

（2）建立以班主任为核心的高效精湛的班级管理队伍。

（3）建立以备课组长为核心的奋发向上的教师队伍。

（二）德育工作

（1）加强纪律教育，全面提高学生的思想素质，打造一支纪律严明、作风顽强、训练有素、奋发向上的团队。

（2）加强艰苦奋斗教育，培养学生坚韧不拔的顽强作风和敢于拼搏、敢于胜利的坚强意志。

（3）开展主动学习、主动成才的教育。纪律、信心、勤奋、方法和主动是成功的必要条件。

（三）教学工作

1. 教学研究

（1）科学制定学科备考计划。围绕级组工作计划，各学科制定详细备考计划，教学计划按一年时限制定，要有学生基本情况判断，具体的教学目标（如平均分目标、有效上线分数目标、知识能力目标等），高三主要阶段的教学过程、教学安排，各阶段的工作重点，边缘生辅导计划等。开学后第一周，备课组交工作计划。

（2）按班类或能力层次研究学生的知识能力现状，开展针对性强的教学活动。特别是第一轮复习阶段，语、数、英等学科应根据班类或科类学生的特点开展教研活动，如理化类的数学备考、生物类的数学备考、文科类的数学备考、理科班的英语备考、理科班的语文备考、文科班的语文备考等。教学的目标、进度、训练内容可有所不同，但要相对统一。

（3）研究《考试大纲》及近三年的高考试题，熟悉高考知识范围、能力层次要求和题型，精心组织教学材料，力求学生的训练材料不超纲、不偏难、符合主流。开展《我看高考题》的有奖征文活动，教师可结合任教班级学生实际，写出500字以上的评价（或体会）文章，级组将对征文进行评奖，开学后第四周交。

（4）积极开展教学研究活动。坚持集体备课制度，集体研究、解决本学科突出的教学问题。研究学科的复习进度、复习模式，研究对单元知识深度和广度的把握，研究《考试大纲》所规定的能力层次，研究学生的学习方法。

（5）研究教材、教学辅助资料以及各地信息，保持复习的正确方向和有效性。第一轮复习参考书要选择有一定影响力、比较流行、大出版社出版的正版教辅资料，严禁不加选择地泛印、泛发资料，以疲劳战术拖垮学生。数、理、化等科的训练题，要求教师先逐题做过，再选择印发给学生。

（6）定期召开专题研讨会。召开班主任工作交流会、学科复习交流会、X科（班）任课教师研讨会、专题课堂研究课等，交流教学和班级管理经验。

2. 教学研究活动

（1）充分发挥备课组长和骨干教师对教学的领头、把关作用，调动青年教师的教学积极性，以老带新，团结协作，做到进度统一、资料统一、测试统一。月考或其他重要考试要流水评卷，集体分析考试结果。各学科间要相互理解，相互支持，打好团体战。

（2）扎实开展"有效教学月"活动，切实提高复习效率。有效教学活动包括教学内容的有效性、课堂教学的有效性、课外训练的有效性、课外辅导的有效性、辅导对象的有效性、（学生）学习的有效性、应试方法的有效性等。开展"有效教学活动"的方案另行制定。

（3）充分认识边缘生对大面积提高上线人数的意义。各学科做好边缘生的辅导工作，上学期重点放在边缘生的薄弱科目辅导上，下学期则重点放在优势科目的提高指导上。

（4）积极开展点面结合的思想教育工作。班主任面上的工作主要是鼓起全体学生的信心和学习积极性；点上的工作是指个别谈话，谈话的主要内容应该是学习信心和学习方法，每个学生每学期谈话的次数应在两次以上。科任教师要与学生进行个别谈话，特别是边缘生薄弱科目的任课教师，每学期每生的谈话次数应在两次以上。教师在任何情况下都要给学生鼓励，不允许对学生进行挖苦，不允许有打击学生信心的言行。

（5）教师间要经常互相听课，核心小组成员要深入课堂听课，及时交流反馈教学意见，不断提高复习课的效果。核心小组做好各学科间教学的协调工作。

（6）加强答题方法和应试方法的指导，做好学生复习备考的心理辅导工作。

五、主要阶段的工作

1. 2007年7月30日—8月30日（假期补课）

对学生进行"高三意识"教育，继续新课教学，各备课组讨论制定计划。

2. 2007年9月1日—2008年1月

新课教学及第一轮复习。第一学期课表安排：语、英和X科各6节、数学7节，综合科2/1节。每周六补课，周日隔周放假。9月开始各科在保证质量的前提下适当增加练习量，全级提速前进。

3. 2008年2月—3月中旬

2月22日前各科完成第一轮复习，用三周时间总复习，最少进行两套套题训练，一模前三天学生自主学习，参加市一模。

4. 2008年3月下旬—4月中旬

第二轮复习，查漏补缺，加大训练量，一、二模之间周一至周五下午第一节自习，第七节开始综合训练，参加市二模。

5. 2008年4月下旬—6月6日

第三轮（巩固性）复习，复习主干知识，增加学生自主学习时间。参加学校模拟考（三模）。

6. 2008年6月7—9日（高考）

学生高考，教师全程带考。内紧外松，气氛和谐。

六、工作历程表、周程表

2007—2008学年度高三工作进程表（表1）：

表1

时间段	主要工作	工作重点
2007年7月30日至8月31日	暑期补课 各班各备课组酝酿工作计划	狠抓各项常规，建立起良好的级风、班风；加强英语、数学
2007年9月1日至30日	备课组交工作计划。教师交研究报告。 9月1、2日月考，7、8日外出研讨下一个指标	继续加强英语、数学。 月考研讨后开始各类辅导（分配自习课，以单个辅导为主）。 9、10月是"有效教学月"，每人开一节研讨课并深刻研讨。
2007年10月1日至31日	5、6日月考，考后各类研讨。 10月后加大各科练习量	9、10月是"有效学习月"，指导学生怎样学，要具体指导
2007年11月1日至30日	班级工作交流。 优秀作业展览和不规范作业展览。 月考：10日、11日	全方位检查教师教和学生学的情况（成绩、作业、练习册、备课、上课的质量等），以便更好地调控教学。 11月是"规范答题月"，各科全面强制规范答题
2007年12月1日至31日	X科（班）科任教师协调会。 8、9日年级新年迎新宣誓	激励学生坚持就是胜利，胜利就要坚持
2008年元月1日至2月3号	期末区统测及总结，成绩分析。 学科（备课组）复习工作交流会	各班汇总每生一学期以来的学习情况，组织科任教师细致研讨
2008年2月4日至11日	2月4日至11日放假，年初五下午教师集中，初六开始补课	寒假
2008年2月12日至一模	一模前三个星期完成第一轮复习。一模	奋力直追
2008年3月底至4月中	市一模总结会，研讨下一步的工作。莲花上誓师大会，市二模及总结会	激起昂扬的斗志
2008年4月底至5月底	学校模拟考	冲刺阶段
2008年6月1日至10日	应试心理教育，组织学生参加高考，学生离校	心理调节

说明：

1. 每月月尾进行月考。

2. 长周补课二天，短周补课一天，加上国庆、元旦和寒假前段，本学期共补课约44天。

·2015届高三工作总结·

(广州市白云中学工作总结)

在全体师生的辛勤努力下，我校今年高考成绩再创历史新高。本科上线人数214人，较去年多6人；专A上线人数424人，较去年多9人；专B上线559人，总上线率97%。各线超额完成市下达指标，本科指标完成率为165.7%，较去年（142.47%）提高24个百分点；专科指标完成率为118.9%，较去年（117.2%）提高1.7个百分点。

我校本届中考录取分数线仅548分（含体育成绩），比2014届（585分）低37分，高分数段人数急剧减少，入学总分全区前2000名（本科预测）只有80人，而低分数段人数则大幅度增加，见表1。面对严峻的备考形势，在全体师生的共同努力下，取得了超过上一届的优异成绩，上本科线人数是本科预测人数的2.7倍，展示了学校的实力和超强的教学能力。

表1

入学分数段（文化分）				
届别	>600	>590	>570	<520
2014届	63	81	153	22
2015届	5	14	80	204

主要工作总结如下。

一、领导重视，高三工作齐抓共管

学校重视高三工作，钟荣岳校长和白建强书记共抓高三工作，学校行政领导实行"包班下班"制度，即每位行政人员与一个班结对子，到班上听课，参与和指导班级工作。行政人员会定期汇报包班情况，全面统筹，科学调控，并给予充分的物质保障。

教学管理工作

二、重视德育，强调过程管理

年级高度重视德育管理，自始至终跟学生强调"态度"两个字！以"态度"为纲，以"考勤、卫生、两操、仪容、自习"等为目，从各个方面向学生一再阐明应该以怎样的态度和方式去度过高三的每一天。胡丽级长、王建华副级长和班主任全程跟紧学生，及时了解学生的思想动态，开展针对性强的思想工作。高三德育我们基本上做到了时时抓、处处抓、反复抓、提纲挈领，每天抓一个目，每周讲一个纲，每月开一次级会！故此，学生思想稳定，秩序井然，学习高效。

三、科学规划，精细安排

教学处潘仕恒主任主要负责全年级的备考规划和教学管理。基于全局工作的视野，科学编制2015届高三工作进程表，精心规划每一阶段的工作。该表对全年工作的安排张弛有度、收放自如，作为高三工作的核心要件，成为高三备考工作的生命和节奏。在每一重要的阶段，都给师生清晰的教和学的指引，备考工作有条不紊。虽然寒假没有补课，但给出了学生在家学习的时间表，学习指引清楚到每一天。广州市白云中学2015届高三寒假学习课程表见表2。

表2

年度	周次	时段	一	二	三	四	五	六	日
2015年2月	第一周	日历	2	3	4	5	6	7	8二十
		上午							英 生/地
		下午							数
	第二周	日历	9廿一	10廿二	11廿三	12廿四	13廿五	14廿六	15廿七
		上午	语 化/史	英 生/地	语 化/史	英 生/地	语 化/史	英 生/地	休息 休息
		下午	政/物	数	政/物	数	政/物	数	休息
	第三周	日历	16廿八	17廿九	18三十	19初一	20初二	21初三	22初四
		上午	语 化/史	英 生/地	休息 休息	休息 休息	休息 休息	休息 休息	语 化/史
		下午	政/物	数	休息	休息	休息	休息	政/物

年度	周次	时段	一	二	三	四	五	六	日
2015年2月	第四周	日历	23初五	24初六	25初七	26初八	27初九	28初十	十一
		上午	英	语	英	语	英	语	休息
			生/地	化/史	生/地	化/史	生/地	化/史	休息
		下午	数	政/物	数	政/物	数	政/物	休息

说明：晚上没有安排学习，如白天某科的学习任务没有完成，自觉用晚上来补。请家长督促学生按课程学习。

考前的最后两周，对教师和学生分别给出了最后两周工作指引，统筹规划训练、精要讲义和试卷的装订、阅卷安排、记忆安排、考前叮嘱等重要内容。

四、艰苦奋斗，高效运转

绝大多数学习心理问题源于知识准备不充分，导致不自信、心慌，进而幻想有一种学习捷径。最好的解决办法是强迫学生做更多的知识储备：多动嘴（记）、多动手（练）、多动脑、多布置作业、多检查作业。以提高成绩为目标，高强度训练、高密度测试。在（进度）"快"与"慢"中选择"快"，在（内容）"易"与"难"中选择"易"，在"练"与"讲"中选择"练"，在"抢"时间与"分配"时间中选择"抢"，在"实"与"虚"中选择"实"。鼓励学生不怕苦，不怕累，敢于拼，持续拼，艰苦奋斗，高效运转，坚持到最后一天。

全学年安排14次大考（指标准考试的时间，并评卷，含市统考）：上学期6次，下学期8次。此外，下学期综合科另加4次标准时间的考试（共12次）。考题以高考为纲，内容不断滚动，难度适中，逐渐达到内容和难度要求。每次考试都要求评卷，准确上报成绩，公布成绩，使学生、教师都了解现状，寻找机会，并据此制定或调整后阶段的复习备考计划。

第一学期第三周起，安排19：00—19：30为晚练时间，进行学科的小测验或读书背诵，从第四周起晚自习延长至10：20，以便学生有训练、消化的时间。学生紧张，教师才踏实！

五、高度注重非智力因素的影响

高度注重非智力因素对备考工作的影响，主要从两方面抓：一是复习方法和考试方法教育，二是学生情绪的调控工作。

每一复习阶段，通过级会、班会等形式对学生进行不同阶段学科复习方法的教育，学生学有方法、学有重点，学习效率极大提高。从市"调研测试""一测""二测""三测（校）"直至高考，我们坚持做考前动员和考后总结工作。考前动员包括思想态度教育和考试方法教育，鼓励学生珍惜考试、科学考试、享受考试，考出好成绩。考试总结以表彰学生为主，让更多的学生感受到学有进步、学有信心。一年来的这些大考，学生成绩一次比一次好，并且高考成绩达到最好。每一次考试的进步都是学生考试兴奋点的激发，并且在高考中达到最高潮。学生历次大考进步表见表3。

表3

类别	市调研考	一模	二模	三模	高考
本B	153	126	150	200	214
专A	339	303	357	419	424

加强个别谈话，扎实做好心理疏导工作。特别是市二模后，我们要求每个学生都要与教师个别谈话一次以上，一方面由班主任根据学生的潜力和学科成绩给科任教师分配谈话对象，另一方面由学生自愿选择"粉丝"老师为个别谈话的对象。双向选择的方法提高了谈话的有效性，学生在学习、心理上的困难及时得到化解。

六、加强对教师的业务培训

因本届高三教师多数是青年教师，12位班主任中有5位首次在我校任高三班主任，部分教师首次任教高三，教学和管理经验不足。为此，我们不失时机地开展业务培训工作。例如，对班主任进行班级目标管理层次和方法的培训，每个月进行一次班级管理工作经验交流，彼此借鉴、吸收和提高。对教师进行高三教学特点和方法的培训，如高三课堂要高容量、快节奏、高效率，少一点"为什么"，多一点"记什么"，"如何记"（容易记，记得牢，记得深），"如何用（考题中如何用）"，如何快速阅读、审题，然后选择、落笔、得分等，力争一课有一得。教学选材要以《考试说明》为导向，以知识点的价值为主线索，对于必考内容和题型要反复练，高度重视近两年广东各地的模拟题，并以此为选题的主要方向。第二轮的备考要坚持专题训练与套题训练相结合、一明一暗的双线复习方法，专题小型化、题型化、高效化。

七、精诚团结，享受高三生活

从一开始学校就选配一批业务精干、年富力强的教师上高三。在物力、财力上，各条线、各个部门也都对高三予以充分保障，在资料印刷、设备使用、场室预约、会议安排、经费投入上给予优先照顾。在年级团队建设中，高三"核心小组"劳而无怨，全体教师精诚团结，大家有商有量，互捧互损，嬉笑怒骂，都是合作，皆成喜乐。因此这一年，尽管辛苦，尽管累，但我们过得充实而愉快！

本次高考，尖子生培养没有抓好，重点上线人数不尽如人意。体育生术科上线人数较多，但文化课上线少，致使体育生的双上线人数不理想，这是最大的遗憾。

八、主要阶段随记

1.《科学规划　精细安排　艰苦奋斗　成就高三》

（2014年新旧高三研讨会上解读2015届计划要点）

（1）调整工作计划，与进程表同步。安排好教学，安排好考试（小测、月考等）内容和命题。珍惜本学期的6次考试。市统测后继续上课，2月8日放假前完成第一轮复习。下学期3月2日开始，开学两周后市一模，第十四周高考。

（2）每次月考都有总结（教师、班级和学生）。从考试中发现问题，激励学生，给学生、教师和班级调整的机会。

（3）每个月都有班级工作交流，希望班主任的每次交流汇报都有新意。班级工作重在交流，教学工作重在研讨。

（4）第一轮复习全面提高成绩：全体都提高，并且达到一定的程度。教师集中精力、全心全意、全力以赴做好第一轮复习。暂不安排体育生、临界生的额外辅导，术科生加强术科训练，同时不能放弃文化课学习。

（5）时间从紧安排。①第三周开始，19：00—19：30为晚练时间，或小测或读书背书。具体时间安排见工作进程表；②从第四周起晚自习延长至22：20，延长期间留一名教师管理，建议另外计工作量。学生紧张，教师才踏实！

（6）团结协作求共赢。班级目标的实现和责任不能由班主任一人承担。你的课堂你做主。班级工作分解给科任教师，科任教师要与学生普谈。备课组的教学加强交流、研讨。

（7）提高教学、管理的有效性。多想一点"有意义吗？"，对提高升学率有利。

（8）艰苦奋斗，高速运转。高密度测试：组卷、评卷、上报成绩。

（9）埋头做事，成就高三。

2. 《艰苦奋斗　成就梦想》

（市一测总结要点）

（1）坚持纵向和横向相结合的复习教学路线。

纵向：某一重要知识块的细致、深入复习与训练。以分值多、易得分、能得分为选择的依据，不求全面。建议尝试以题型为块的线索进行纵向复习。

横向：包括知识的横向（系列化）和题型的横向（套题）。套题横向是第二轮复习的隐线（4—5月），必须穿插。白天纵向、晚上横向，或反之。晚测以选择题为主，可适当讲评。

（2）坚持以练为主的教学方法。精选题目，多练精讲。综合科各科的1节课、语数英的2节课，可以完成一份横向套卷的80%，恰好是学生力所能及的题目。训练目标：语、数、英、综各不低于15套。汕头、佛山、深圳、珠海、湛江一模、二模试题为必做题（10套），还有肇庆等地。珍惜每一次的考试训练（特别是双周的测试），没有训练就没有成绩，训练量足、训练扎实成绩就高。

（3）课堂教学做有意义的事情。教学重点讲解占分多、易得分、能得分的内容，简单才有效。

（4）对2012—2014年高考题做双向细目研究。区分必考、可能考、轮流考的题型、内容和难度。看一看考试说明有无变化。研究《2014年高考年报》，专家都说了什么。做有意义的事情，做一个精明的高三教师。

（5）精细规划教学：纵向多少块，内容和时间。横向套题多少？题源和时间如何安排？（教学研讨的内容）

（6）上大学是95%以上学生的选择，这就是学生要走的正道；奋力托起学生推向大学校门，这就是高三教师的责任。

3.《精细规划　准确安排　奋力冲刺高考！》

（市二测总结要点）

（1）全场紧逼20天，全力冲刺高考！方向自信，方法自信，实力自信！

（2）精细规划，准确安排。4月27日—5月20日是冲刺的黄金时间，也是最后的机会。5月20日逐渐减少测试和做题。

（3）高强度训练不放松。练讲结合，以练为主。难度控制，以中等难度为主，缩短训练周期，瞄准重点，奋力冲刺！必考知识反复训练，适当查漏补缺。

（4）套题加专题的训练。专题小型化、题型化、高效化，连续训练。高度重视晚测辅助作用。套题还有多少？专题还有多少？晚测还有多少？全部量化，并且5月10日前完成所有学案、晚测卷的编写，并封笔。

（5）早读任务和内容要量化。内容/天数。

（6）晚辅导坚持到位。再坚持！

（7）团结协作出成绩。统一内容，统一学案，统一专题的教案（PPT）（重点班可有区别）。综合科淡化学科界限，整体为重，但每学科都要有所作为。

（8）心理辅导：教师继续与学生谈话。以信心、方法、学习内容为主，不打击挖苦学生。

（9）严密的组织、严格的纪律。保持队伍稳定、不躁动。自习课安静有序，不同意学生到教室外自习。

（10）可做一些调节性的活动，但不成为主流。坚持课外活动跑操。基调是"静"。

4.《2015届后期高三工作指引》

（对教师）

各位老师，请按下面各点，做好考前的准备工作。

（1）教学安排：正常教学，周六考前叮嘱一节/各科。请各科准确计算可上课的课时，并根据教学需要自行在表4空格中填写讲评/训练/阅卷（具体哪一套）/记忆/知识归纳等内容。

表4

星期	星期一	星期二	星期三	星期四	星期五	星期六
日期/5月	25	26	27	28	29	30
教学课表1	三测	三测		出成绩		31日 补课表
日期/6月	1	2	3	4	5	6
教学课表1					第8节级会	每科一节

晚自习下班辅导要坐到教室里。6日晚自习为语文、数学，7日晚自习为英语、综合。

（2）最后讲义印刷：准确规划，印了就要用。

（3）学生讲义、资料装订（精要讲义、精要试卷等）：要具体到哪一份。

（4）学生证件准备。（下周带回。班主任收，妥善保管）

（5）适当体育活动。（不能剧烈！）

（6）最后一次班会：以难忘、留下美好回忆为主题。

5. 2015年高考指引

（对学生）

（1）考前。考前按老师的要求复习，强迫自习去看、做、记忆。如果烦了就不看，但看总比不看好！

（2）考纪。不作弊。不敢、不能、不想作！手机绝对不能带入，金属饰品不能带入。

（3）进入考试状态。

①6日下午看考场。

②兴奋一点。

③来考场早些，从容一点。

④贴条形码，写考号、考场号、座位号。默念：我将全力以赴！

⑤期待发卷。

⑥浏览试卷，尽快默做题，进入状态，铃声一响，迅速答题。

（4）考试过程。

①尽量不要换卡。（条形码歪点可以，考号写错了，短斜线画掉，上面补写一个正确的。看好题目位置再写，千万不能错位！）

②铅笔使用：A/B卷填涂，选考题填涂，答题填涂。

③尽量不上厕所。

④准备一件长衣。

⑤可以带水，但不要喝太多。

⑥水杯、袋须透明。只带走自己的东西！

⑦顽强一点。

（5）答题。

①语文、英语寄托以厚望：作文——积平生所学写下12年教育的积累。

②"写"是前提，是希望。要提高"写"的得分率，想一下再写！

③综合科。二阶段答题：选择题阶段35～50分（全部选好了再涂卡）。主观题100～115分，每科33分钟以上。最后一科的时间可以多些。要能够跳离难题。

④数学科：选择、填空镇定做好，大题要尽可能往前走。

（6）考试后。

①不问答案。考一科，忘掉一科。

②晚上睡好，即使睡不好，也不用担心。中午一定睡觉！6、7日下午可做运动。

③有难有易。先易——会有艰难的时候！先难——会有有机会的时候！

④不要提前起床。

6. 校讯通短信摘录

高三教学1：各位老师，高考的钟声即将敲响，请大家坚持课堂、坚守岗位，安排好自己的工作和生活，尽量不要请假，尽量全天在学校里，晚自习按时到位。以我们的坚持和坚守，把学生平安送离校门。谢谢各位的通力配合！

高三教学2：本次三模，成绩出现继续向上的良好势头，出现高分数段的学生（理科560分以上，文科550分以上），460分以上的学生文理各达100人，接近、达到专A线的学生人数大幅度提高。请班主任和科任老师不失时机地表扬和鼓励学生，保持镇定高昂的状态，从而全面实现高考目标！

高考走向何方？

一、前言

当前世界范围内，高科技、新技术高度发达，移动互联网、机器人、人工智能等技术正在深刻地影响社会政治、经济、军事、文化、教育和生活的方方面面。一方面，高度发达的技术需要教育的强力支撑；另一方面，高科技又为教育提供了全新的手段，极大地促进了教育的变革。

改革开放四十年，我国经济保持高速增长势头，成为世界第二大经济体，积累了巨大的社会财富，教育对经济大国的形成起了强大的支撑作用。但我们也看到，四十年来我国的技术成就大都是建立在引进和模仿西方成就的基础上，创新能力不足，无法站在制高点引领世界的发展，使经济的进一步发展失去后劲和动力。而技术成就的根本在教育，我们要走到世界舞台的中央，教育必须支撑大国的地位，必须构建以创新为核心的现代教育体系。

应试教育持续四十年以上，积累了很多弊端，到了必须改革的时候。在这紧要关头，党中央发现问题并做出重大决策，进行顶层设计。

二、国家的顶层设计

1. 党中央的决定

2013年11月12日，在中国共产党第十八届中央委员会第三次全体会议通过的《中共中央关于全面深化改革若干重大问题的决定》中，为贯彻落实党的十八大关于全面深化改革的战略部署，就全面深化改革的十六个方面的重大问题做出决定。其中的第十二项"推进社会事业改革创新"的第42点"深化教育领域综合改革"，对高考与高校招生改革做出如下决定。

（1）探索招生和考试相对分离、学生考试多次选择、学校依法自主招生、专业机构组织实施、政府宏观管理、社会参与监督的运行机制，从根本上解决一考定终身的弊端。

（2）加快推进职业院校分类招考或注册入学。

（3）逐步推行普通高校基于统一高考和高中学业水平考试成绩的综合评价多元录取机制。

（4）探索全国统考减少科目、不分文理科、外语等科目社会化考试一年多考。

（5）试行普通高校、高职院校、成人高校之间学分转换，拓宽终身学习通道。

考试招生制度改革的核心是"从根本上解决一考定终身的弊端"，给学生更多的成长成才机会，有如下三个特点：①逐步推行普通高校的多元录取机制，占据高校半壁江山的职业院校将进行"分类招考"，甚至"注册入学"，从传统高考中分离出来；②减少统考科目，只考语文、数学和外语，其他学科进行省级考试，学生选择其中三门加入高校招生的分数中；③实现"普通高校、高职院校、成人高校之间学分转换"，高职院校可以提升至本科层次，即提升学历层次，而普通高校也可以更新职业技术教育。

2. 国务院部署

为落实中共中央关于"高考与高校招生改革"的决定，国务院出台《国务院关于深化考试招生制度改革的实施意见》（以下简称《实施意见》）（国发〔2014〕35号），对高考改革做出如下部署。

（1）改革考试科目设置。考生总成绩由统一高考的语文、数学、外语三个科目成绩和高中学业水平考试三个科目成绩组成，不分文理科，外语科目提供两次考试机会。

（2）改革招生录取机制。探索基于统一高考和高中学业水平考试成绩、参考综合素质评价的多元录取机制。

（3）加快推进高职院校分类考试。高职院校考试招生与普通高校相对分开，实行"文化素质+职业技能"评价方式。普通高中毕业生报考高职院校的"文化素质"使用高中学业水平考试成绩。学生也可参加统一高考进入高职院校。

（4）改进录取方式。创造条件逐步取消高校招生录取批次。

国务院的《实施意见》是把中央的决定具体化，同时提出"创造条件逐步取消高校招生录取批次"的意见。

3. 省级政府的实施意见

各省级政府都依据国务院文件出台了本省对新一轮高考改革的实施意见。广东省政府于2016年3月3日发布《广东省人民政府关于深化考试招生制度改革的实施意见》（粤府〔2016〕17号），提出的改革要点如下。

（1）推进高职院校分类考试。高职院校考试招生逐步实现考试的内容、形式、时间安排和录取与普通本科院校相对分开，实行"文化素质+职业技能"评价方式。普通高中毕业生报考高职院校，参加职业适应性测试，文化素质成绩使用高中学业水平考试成绩，参考综合素质评价。鼓励普通高中毕业生完成高中学业水平考试后分流参加职业适应性测试并报考高职院校。

（2）深化统一高考制度改革。在全面实施普通高中学业水平考试的基础上，不分文理科设置考试科目，普通本科院校实行语文、数学、外语三门统一高考科目和三门高中学业水平考试科目的考试方式。外语科目提供两次考试机会，计入高考总成绩的高中学业水平考试科目，在思想政治、历史、地理、物理、化学、生物等科目中自主选择。

（3）减少高校招生录取批次。2016年起适当调整和合并本科和专科层次高校招生录取批次，创造条件逐步减少和淡化高校招生录取批次。

（4）改革完善高职院校分类招生录取制度。进一步深化高职院校分类考试招生制度改革，使"文化素质+职业技能"评价录取成为高职院校招生录取的主渠道。普通高中学业水平考试增加语文、数学、英语三门考试科目，并以此成绩作为报考高职院校"文化素质"的成绩。

（5）积极推进考试招生综合改革。2018年出台我省高考综合改革方案，从2018年秋季入学的高中一年级学生开始实施新的普通高中学业水平考试实施方案、新的普通高中学生综合素质评价实施方案，2021年高考开始实行新的高考综合改革方案，基本形成分类考试、综合评价、多元录取的考试招生制度。

广东省从2016年开始正式迈入国家新一轮高考改革的时代车道，2016年将二本的A线和B线合并为本科线，2017年将第三批专科A类和B类院校合并为第三批专科，2018年将原第一批本科和第二批本科两个招生录取批次合并为"本科批次"。这样，广东省用三年的时间将原来的五条线（一本线、本科A线、本科B线，专科A线、专科B线）合并为"本科"和"专科"两条线。

高职分类招生录取从2017年开始逐步实施，当年录取了7万多人（全省专科招生32.9万），2018年计划招生9万多人（实际录取8.3万）。2017年起，不再向地市和学校提供学生高考成绩，延续了近四十年的高考平均分、上线率统计就失去了官方的意义。从2018年秋季入学的高一学生开始实施不分文理的新高考模式。

三、基层的操作

与省级政府不同，地市级、县区政府和学校有升学率的社会压力，因此，在应对高考改革的意识和方式方法上，仍然还不能走出传统惯性，有些人认为高考只换了一件马甲，换汤不换药，高中教育的成就就是高考，高考就是升学率，升学率不可轻易放松。

2018年在高三一模后，有人在一模分析会上如是说："不是没有线，不是没有评价，而是有n条线！"n条线是什么？全省第1名、全省前10名、全省前100名、双一流线、985线、211线、重点大学线。为此，一口气给出了一模的5条线：Ⅰ线、Ⅱ线、Ⅲ线、本科、专科，对应"双一流线"、"985线"、"一本"线、本科线、专科线。看到这些线，教师们仿佛一夜又回到了从前，一条线合并了，千万条线又冒出来了！

2018年高考放榜时，招生考试院对文、理科各公布了一条高分保护线，各学校就以此为重点线进行统计。因艺术类、体育类没有公布高分保护线，有些地方就用前一年的重点线当作今年的重点线进行统计。

2018年高考成绩公布后两天，某市党报的网站上就报道了该市多所学校无所不能的家长委员会发出的高考喜报，发布了全省理科前150名所在地市、学校的分布图，这样的家长委员会也太神通广大了吧！

其实，这是在向老百姓报告"政绩"。高考是教育的一部分，教育是一项长效的工作，百年树人，并没有立竿见影之功效。只要政府还在投入、教师还在尽心，该有的结果还是会有，总体会向好的方向发展，与政府是否换届、领导的去留无太大的关系。

基层的操作让我们看到了高考压力的沉重，墙内人应该知道，一两所学校升学率排名高并不意味着这个地区的教育水平就是第一，评价教育事业水平的高低有很多指标，高考指标不是唯一的。同时，高中教育不能总是依靠高考来推动，如果高校招生改革走到"宽进严出"这一步，高中还能办下去吗？

四、忧虑与思考

1. 高考与教育公平

高考是人们认为的教育公平的最后一根稻草，往往被功利主义者上升到重大的民生问题。高考容易出政绩，政绩来得快看得见，如果再出一两个状元，那简直就可以升天了！但在这貌似辉煌的成绩背后隐藏着更大的教育不公平。

一座几百万甚至上千万人口的城市，基础教育有众多急需解决的问题，举全部之力争全省第1名、前10名、前100名这些指标，那是用千千万万纳税人的钱去培养已经不太需要帮助的少数群体。教育公平的核心是帮助弱者，而不是剥夺弱者所有给强者。

改革开放之初，国家提出复办重点中学是由当时特定的社会背景决定的，而改革开放已四十年了，这些学校已足够壮大，各级政府无须再扶持它们了。政府财政、纳税人的钱应该投向薄弱地区、薄弱学校，关注、关心多数人，给全体阶层提供优质公平的教育，特别要扶持弱者，而不是相反。

十年树木，百年树人，一个地方未来市民的素质、未来社会的繁荣，绝不是高考状元、全省前100名带来的，占绝大多数的"非优生"是未来社会繁荣的基石。种瓜得瓜，种豆得豆，这些"非优生"明天的表现，取决于我们今天在他们心灵播下的种子。如果社会、学校、教师能为这些"非优生"的前途殚精竭虑，那才是教育公平曙光的初现。

2. 教育不能建立在应试的基础上

改革开放四十年来，我国的政治制度还在完善之中，社会阶层进阶的机会不多，几乎都是考试取士，全民只好应试，于是教育被裹在其中，教育的兴奋点只能集中在考试和分数上。

众所周知，欧美国家就没有我们毕其功于一役的高考，但有完善的教育制度，这种制度创造了近代自然科学体系，造就了当代人类文明。我国从隋朝就发明科举考试，1000多年来，考试内容在变，但其"神"几乎没有变，今天的高考本质是科举制度的延续。"中国教育是把人最珍贵的年华付给毫无意义、毫无发展价值的学习内容——这内容其实是为考试设置的东西！"这是一个叫卢安克的德国教师在中国支教十多年后的感受，他一针见血地道出了当下基础教育极其严重的问题。

作为教师，我们常常要求学生去做一些并无多大实际意义的难题，这些题目纯粹是为应试而编造的一些逻辑怪圈，与培养创新能力没多大关系，做题只是纸上谈兵，不可能产生叱咤风云的将军，只会磨平学生创新的棱角，消耗他们宝贵的青春时光。创新能力要在对知识的实际应用中，在对新现象、新问题、新挑战的反复触发中，在百折不挠的尝试和实验中，在百思不得其解的苦苦琢磨中，产生灵感和顿悟而形成。

中美贸易战，很多人义愤填膺，但美国人搞创新，把上山的路都占了，而考试和分数并不是上山的阶梯。高考把基础教育绑架了四十年，这种局面不能再这样持续下去了。

3. 做好社会价值观的引导

四十多年来，社会价值观在变。曾经，"读大学为了当科学家""读大学为了当国家干部""读大学为了走出农门"成为一代人的价值追求。现在，"读大学为了找到更好的工作"成为社会的共识。好工作不只是那百来所数字高校可提供，其他数千所普通高校同样可以提供好工作，只要你努力不放纵自己，在哪一所大学都可以学习到真知识，都可以有作为，都可以找到好工作。

我国高等职业教育只有专科层次，而社会上的招聘多以本科为门槛，以致很多人认为高职不正规，类似职中，得不到社会承认。因此，拓宽终身学习通道要成为高校改革的重要方向，普通高校、高职院校、成人高校之间学分转换，高职的层次要提升到本科，普通本科高校要进行职业学分教学。接受高等教育的青年学生要学到一定的技术，不至于一毕业就失业，技术（专业）是安身立命的根本。

高考不是人生的必修课，不是人生成败的竞技场。参加考试的学生才十七八岁，人生尚未开始，怎么就通过一场考试决出成败了呢！"不经历高考的人生是不完整的人生"这种奇谈怪论竟被一些人挂在嘴上用以教育学生。事实上，越来越多的学生选择不参加高考而直接申请国外高校，他们的人生同样是精彩的。高考和升学是两个不同的概念，高考不是教育的目标，但升学是基础教育的重要目标。国家正创造机会，不让高考成为千军万马的唯一升学通道，如果我们有更好的招生制度，就可以恢复教育的本来面目。

4. 学校的教育自觉

每年中考招生，各校都想尽一切办法吸收好生源，进行生源大战，好的生源再过三年就有好的政绩。从高一开始谋划高考，三年一盘棋，学生一进入校门就成为学校高考机器的部件。我们也看到，那些唱着高考神话的学校，多数在时间的长河中衰落，而百年老校绝不是因高考而百年幸存。有作为的学校应该是青春、活力、激情、汗水、泪水、成功交错的地方，不是学生成长的地狱。

前段时间，一篇题为"教育减负，一场寒门的灾难"的文章在网上流传，围攻教育减负这个话题。教育减负不是让寒门子弟雪上加霜，不是制造寒门灾难，不是老师课内少讲课外去赚学生的黑钱。教育减负是国家的教育战略，教育减负是要让寒门子弟有机会去学更有用的知识、去学能适应明天的知识，让寒门子弟离开了学校还能找到工作，还能在社会立足。不要让狭隘的心胸束缚你向前的眼光，社会总是要变的。

当前，创新是教育的主题。STEM教育、STEAM教育、创客教育正在我国基础教育阶段方兴未艾、如火如荼地进行，项目学习、知识应用、革新、创新、核心素养等内容正逐渐改变基础教育的课程结构和课程评价，正对培养民族的创新力、活力产生深刻的影响，党中央的顶层设计为高考松绑，以期将国人的智慧用到科技和文化创新上。

当然，应试教育积累了四十年以上，根基雄厚、很强大，还无法撼动，但政府正在挖墙，作为教育之人，我们要紧跟其后一铲一铲地挖，用几代人的努力和坚持把它挖空、挖倒。

总有一天，创新教育体系会建立，基础教育将走在创新的道路上！

又记：2019年4月，广东省人民政府发布了《广东省深化普通高校考试招生制度综合改革实施方案》（粤府〔2019〕42号），对高考改革做出重大决定：①采用"3+1+2"高考模式；②完善普通高中学业水平考试制度；③健全普通高中学生综合素质评价制度；④深化高职院校分类考试招生改革，实行高职院校春季高考。期待这轮高考改革为我国的基础教育找到新的方向。